ちくま新書

いますぐ書け、の文章法

堀井憲一郎
Horii Kenichiro

920

いますぐ書け、の文章法【目次】

はじめに

文章の書き方について、の新書です。


もとより、そんなものを書くタイプではない。

ずっと自由に書いてきた。

だいたいは雑誌で、おもいつくまま勢いで書いてきたのだ。人さまに教えるほどのものは書いていない。規範や見本となりそうな文章は書いていない。ひたすら、楽しんでもらえるものを書いてきた。


ただ、数年前より「ライター講座」の講師を受け持つことになった。

半年のカリキュラムの中の一コマだけ。一回90分。それを二クラス。一年で90分を4回。

90分も人前で話しをするとなると、しかも、ライター志望の子たちの前で話しをするとなると、準備をしなくてはいけない。自分が何を考えて文章を書いているのか、どういう意図で企画を立てているのか、正直に自分の方法を見つめ直さないとできない。私の手にあるのは私の方法だけなので、それを言語化しないといけなかった。

レジュメを作って、それをもとに話をした。

講座では、課題を出した。

ライター志望の人たちに、雑誌の企画を考えてもらうのである。

私が書いてきたものは、多く雑誌の文章である。

その立場から見て、生徒さんが出してくる企画や文章に、ある一定の壁が存在しているのに気づいた。

なぜ人はうまく文章を書けないのか。

何となく、その境目が見えたのだ。

その話を少ししてみたい。

口はばったい言い方をすれば、プロから見ると、アマチュアとの間に、すごくわかりやすい境界線があった、ということである。私はプロだとえらそうにいえるような文章を書いてるわけではないのだけれど、でもやはりアマチュアの人の作品をまとめて見ていて、意外な部分が見えてないのだな、と気がついたのである。

雑誌は、だいたいは気楽に手に取られ、さほどの目的も思い入れもないままぺらぺらとめくって目を通すものである。

そこで、読む人の手を少しでも止められたら、というのが私がライターになって以降、ずっと考えてきたことである。いまでも考えている。正解はない。いつもいろんな方法で挑んでいく。うまくいくときもあれば、いかないときもある。しかも、雑誌の書き手の場合、どれぐらい反応があったのかは、何となくしか知ることができない。自分のやってる方法が「さほど間違ってはいないだろう」と信じて進めていくばかりである。ときに、まったく間違ってるんじゃないか、とおもう瞬間もあるが、そこで立ち止まって本気で反省しているようでは、ライターは勤まらない。常に振り返らず進むしかない。そういう現場の感覚だけを頼りに、文章を書いてきた。そういう、現場で動きながら培ってきた方法論というよりも〝感覚〟を何とかまとめたものである。

とはいっても、べつだん、こむずかしい話をするわけではない。

細かい文章の技術についても語らない。というか技術は語れない。

そもそも、ごくごく初歩的な国語の問題を除くと、ライターにはさほど高等な文章テクニックは必要ない。私個人はそうおもってる。現場に流れてる空気も、それに近い。間違った日本語を使うのはあまりよくないけれど、でも、美しく正しい日本語で書かれたどうでもいい内容のものよりも、少々乱暴でも、躍動して人を巻き込んでいく文章のほうが、雑誌には向いている。

ただ、ライターになりたい人だけに向けて書いたわけではない。

文章の書き方本を読もうとする人の多くは、別にライターになりたいわけではないだろう。

本書の対象は「うまく文章が書けなくて困ってる人たちみんな」、である。うまく文章が書けないとおもったとき、「金を取れる文章を書く方法」を用いると、かなり有効のようなのだ。それを提示していきたい。

文章をうまく書きたい、とおもってる人は、ほぼ、自分だけうまく書けなくて困る、と感じてることが多い。

うまい文章を書こうと悩んでる人たちの解決法はただ一つである。

その解決法を、この1冊で開示していこうというわけだ。


いきなり答えを書いておきます。


うまく書きたいとおもってるのに書けない場合、どうすればいいのか。

うまく書きたいとおもわなければいい。

ちょっと禅問答みたい。でも、そうなのだ。

細かくいうと、「〝うまく書きたい〟とおもってる意識そのものに問題があるので、それをちゃんと取り除けばいい」ということになる。

結論はそういうことです。

具体的にどうすればいいのか、このあと述べていこうとおもいます。

1章　プロとアマチュアの決定的な差

文章を書くからには、きちんとした文章を書きたい。

問題は、この考えにある。

きちんとした文章を書こうという意志。

そうおもうかどうかで、プロフェッショナルとアマチュアの差が出てくる。

もちろん、「ちゃんとした文章を書こう」とするのが素人、そんなこと気にしてないのがプロ、なんですけど。

そういうものです。

あっさり言ってしまうと、プロにとって文章は道具でしかなく、アマチュアにとっては「個性が現れる表現方法」だと考えてしまう傾向にある。

プロは別に「ちゃんとした文章」を書いているわけではない。文章が見事だから、我々は金をもらえるわけではない。

そこんところに大きな誤解がある。

たしかに支離滅裂な文章を書かないようにはしている。意味が通じない文章は書いてはいけない。でも、べつに、文末は「です、ます」と「だ、である」をふつうに混在させるし、一人称も途中で勝手に変えてしまう。あまり立派な文章は書いていない。国語の教科書には載せてもらわないほうがいいとおもう。頼んでも載せないとおもうけどさ。でも、それで原稿料をもらえるのがプロフェッショナルなのだ。

われわれプロの物書きは〝美しい日本語〟を守るために活動してるわけではない。守らないよりは守ったほうがいいとおもうが、そうそう、かまっていられない。

そういう意味で、プロはプロのスタイルを持ってるにしても、でも、それは「なりふり構っていられない結果」としてのスタイルなのだ。何も、こういう文章スタイルがいいと信じて、癖のある文章を書いているわけではない。しかたなく自分なりに試行錯誤した結果が文体（のようなもの）になっているだけである。鍛冶屋のおやじの、槌《つち》の振り上げ方と同じだ。まっすぐ振り上げるオヤジもいるだろうけれど、変則のオヤジもいる。でも、誰もそんなスタイルでオヤジを評価しない。鍛冶屋の値打ちは、上がってきた鉄製品の出来具合によってのみ決められる。

ライターの評価は、文章の美しさで決まるものではない。真っ当な編集者は、そして真っ当な読者は、そんなポイントで書き手を見ない。

もちろん、「間違いのない文章」を書こうとはしている。大事なのは、自分の考えがきちんと伝わる文章を書くことである。誤解を生まない文章を書こうとしてる。でも美しい文章を書こうとしたことはない。少なくとも、文章の美しさで金をもらおうとは、まず考えたことがない。そんなこと考えてる暇はなかった。

たとえて言うならば、「美しい日本語」は、茶道である。表千家。裏千家。武者小路千家。そこには厳格な作法があって、美がある。伝統があり、守られていく。比べて、私が述べようとしている文章とは、「会議で出されるお茶」にすぎない。出されないと困る。しかし、作法や味より、〝どうやって会議を円滑に進めるか〟ということを優先して欲しい。そういうものだ。そして私は茶道に敬意を抱いている。ただ、詳しく知らないだけである。

「ちゃんとした文章」は結果なのだ。相手にきちんと伝えようとする痕跡でしかない。

†読む人の立場で書け

文章を書くことの根本精神はサービスにある。

文章を書くプロはあきらかにサービス業者なのだ。金をもらって文章を書くかぎり、みんなその意識を持っている。

そして、それはお金がもらえるから、そういう書き方をしているわけではない。文章をサービスだと捉えられていた人だけが、お金を取れる文章を書けるようになる、ということだとおもう。

サービスとは「読んでいる人のことを、いつも考えていること」である。

言ってしまえば、それだけのことだ。

文章を書くときに、読む人のことをいつも考えて、書く。

本当にそこさえ押さえておけば、あと気にするのは細かいことだけだ。

もう一度、言う。

「読んでいる人のことをいつも考えて書けばいい」

これですべてだ。

この新書で言いたいことは、ほとんどこの一文に尽きます。

ただ、それがむずかしい。

たぶん、ここまで読んできて、なんだそんなことか、とおもった人もいるはずだ。私だって、読んでる人のことは考えてますよ、という人もいるだろう。

そこです。

簡単にこうやって示せるからこそ、意識の差が明確に出る。

だからわかりやすい落とし穴になっているのだ。


あなたは「何ものにも優先して、とにかく読者のことを一番に考えていますか」という問題なのだ。

サービスです。

「もうちょっと、部屋を明るくしてくれないかな」「刺身が苦手なので、生魚を使わない料理を出してもらえないだろうか」「朝5時に出発したいので、前の夜にお勘定をしたいんだけどどいいだろうか」

サービスだからね、だめです、とは言いにくい。無理なことは無理と言うしかないが、できうるかぎり要望に応えようとするのがプロの仕事である。あなたが接客業のプロなら、それぐらいの要望には何とか応えようとするだろう。

文章でも同じだ。

文章サービスを提供するとき、これはべつにノーギャラで書いているブログでも同じことなんだけど、あなたはそういう読者の要望に応えようとしていますか。

すべてに優先して、読者のことを考えてますか。「わかりやすいのがいい」「ラクに読みたい」「明るい感じの文章が好きなんじゃが」

たとえば、嘘をつくことになったとしても、自分の主張を曲げてでも、読者に楽しんでもらうことを第一に考えていますか。

あまり考えてないとおもう。

「自分の主張を曲げてでも、読者に楽しんでもらおうとしてますか」というのが一番のポイントでしょう。それを曲げたら、文章を書く意味がないだろう、とおもってる人が多そうだから。そこがわかりやすい壁になる。

ちゃんと言うなら「自分の言いたいことを、いったん曲げてでも」となる。

アマチュアの人は、まず、自分の書いたものが大事で、それが守られる前提で、そのあとに読んだ人のことを考えている。読み手は二の次になっている。大事なのは、自分が書く内容だ、と考えるのがアマチュアの特徴です。

人は、文章を書いているとき、「自分のこと」から離れることはできない。もちろんプロとて、自分からは離れられない。でもそこだけに留まっていても、どうにもならない。中心の奥深くには「自分のこと」を据えつつ、とにかくわかりやすいところでは、いつも「読む人のこと」を考えている、少なくとも考えてるように見せる。それが大事なのだ。

「読む人の立場で書け」

とりあえず、これが基本中の基本なのだ。

†褒《ほ》めてもらいたい人は文章を書くな

いまは、文章のスタイルについて話そうとしています。

内容についてはあとで触れる。

国語の作文の授業で習ったことは、実戦ではほとんど役に立たない、という話をしようとしてるところです。人間も文章も、見た目はすごく大事ですからね。文章はスタイルが大事です。

読む人のことをまず第一に考えて書く。それができないと、どういう文章になるか。

褒めてもらいたい、という気分が前面に出ている文章は、とても読みづらい。

たとえば。

「学生の本分とは何か。孔子曰く、学びて時に之を習う、又愉し可らず乎、即ち学習である。而して、昨今の学生の不真面目さ不勉強さは目を覆いたくなること暫し、まさに痛恨の極みである」

意味わからん。漢字多すぎ。引用が無意味。よく読むと、学生が不真面目だという、すごく無意味な内容しかない。

ふだん使ってない言葉を使いすぎなのだ。少々気取るのは仕方がないんだけれど、でもあまりに自分とかけはなれた言葉で書くと、無理が生じます。人生で一度も使ったことない言葉をいきなり文章に使ってはいけません。でも、けっこう、やりがちなんだよな。

これが、つまりは「自分のこと」ばかりが先にきている文章。

アマチュアの人が文章を書いてるときに設定してる読者は「きちんと読んでくれる読者」ですね。自分の意図に沿って読んでくれて、好意的な同調をしてくれる読者。それは読者とは言わない。自分の考えの反射でしかない。その考えで始めたら、残念ながら金は取れない。そんな読者を設定してるかぎりは、永遠にアマチュアでしかない。

雑誌を書くライターとして、想定しているのは「きわめて不親切な読者」である。不熱心な読者と言ってもいい。

私個人に興味などなく、私の話を聞こうとして（私の書いたものを読もうとして）雑誌を手に取ったわけではなく、たまたま偶然、私の文章を目にした読者。それが「プロの物書きが想定する基本読者」である。

褒めてもらいたい文章を書く人は、その設定があきらかに甘い。

そういう「初期設定として厳しい読者」が設定されて、まず、私が教えられたのは次の二点だった。

「漢字を減らせ」

「すぐ改行しろ」

国語の作文で教えられていたこととはずいぶん違う。

こういうものが、現場での「読む人のことを考える」ということなのだ。

漢字を減らせ。

難しい漢字を使わない、ということだけではない。たとえば副詞はひらがなにする。

全く、殆ど、恰も、殊に。

まったく、ほとんど、あたかも、ことに。

これはたとえば「全く」を「ゼン」く、と読まれる可能性があるからだ。全くをゼンくとは読まないだろうとおもうのは、知ってるからである。〃殊に〃は、かなりの人が〃シュに〃と読んでるとおもうよ。

苟も、強ち、普く。

こういう漢字が読めない場合、手も足も出ない感じがして、書いている人をうっすらと恨んだりする。いやしくも、あながち、あまねく。我々は敵を作るべきではない。

「僕等」の、「等」も直された。僕等はぼくら、であるが、漱石等は、と書いた場合、そうせきラ、なのか、そうせきトウ、なのか、どちらにも読めるし読んでもかまわない。

「読者がどちらの音で読めばいいか迷うような漢字は使うな」と教わった。これは今でもできるかぎり守っている。

読者は不親切で不熱心だから、ちょっとでも不安定な要素が入ると、読むのをやめる可能性が高い、ということなのだ。

自分でも、どうでもいい読み物を読んでいるとき、意味のわからない単語が連続して出てきたら、読むのをやめてしまう。そういうものである。

「これぐらいの漢字、知ってて当然でしょ、知らないほうが悪い」というスタンスで文章を書く人もいるだろうけれど、それが自分の方式を人に押しつけていることになる。読者よりも書き手の気持ちが大優先されている。

だからときには「論旨を明快に」という言い回しさえも避ける。「言ってることをわかりやすく」と言い換える。漢字はもちろん、漢語熟語も減らす、ということだ。

べつだん、漢字を減らしたくらいでは、言ってる内容が変わるものではない。漢字を減らしたら内容が薄くなったとおもわれる文章は、漢字が多かったときはもっとみっともなかっただけである。

読んでる人は、文章を読んで、新たに漢字を覚えたり、熟語を覚えたりしたいわけではない。読んでる人のことを考えるというのは、自分とは知識の違う他人が読んでも、つっかかりがなく読める文章を用意する、ということである。

「すぐ改行しろ」

個人的な記憶によると、作文の授業で、すぐ改行しろ、とは教えられなかった。でも、頻繁に改行してはいけない、とも言われなかった。それよりも、すぐ改行すると、文字数稼ぎと見られるのがいやで、あまり改行しなかった記憶がある。

でも、雑誌では、よく改行するように指導される。さすがに一文ごとに改行するのはやりすぎだが、でも10行以上改行がないのは、まず見にくいと言われた。それが基本だった。

もちろんそれは、見やすさのため、である。びっしりと文字が入った文章を見ると、ふつうの人はまず圧倒されてしまう。読む気が失せる。だから、こまめに改行しろ、と指導される。守ったほうがいい。

読む人のことを考えるというのは、たとえばこういうことである。

ただ、これはマニュアルではないよ。

そもそもこの本はマニュアル本ではない。

つまり「よし〝漢字少なく改行多く〟だな」と覚えても意味がない、ということです。

いまの主題は「読む人のことを考えて書く」ということ。

私が説明してるのは、雑誌に文章を書くときのマニュアルだ。すべての文章に適用できるわけではない。博士論文で漢字を少なくすると、致命的だろう。

だから「漢字少なく、改行多く」は雑誌と似たような場所での文章には有効だ。不特定多数が読むものである。大きな会社の社内報。同窓生に配られる冊子。インターネットで不特定多数に開いてる文章。そのあたりには有効です。

卒業論文や博士論文、就職活動のエントリーシートには有効ではない。そういう文章を読むのは、不特定多数の読者ではないからだ。不親切だという点では似たようなところがあるけれど、読む目的は違う。論文では〝論旨〟くらいの言葉は漢語で書かないといけません。わかってるだろうけれど。

あなたの書いている文章は、誰が、どういう状況で読むものか、ということをきちんと意識して、それに沿って書かないといけない。それを考えろ、という話である。マニュアル化してとらえると、相撲の土俵の上へ、野球のグローブとバットを持って走り込んで行ってしまうことになる。

プロとアマの差は、だから「真剣に〝読んでる人〟の立場で自分の文章を見られるか」という一ポイントに絞られる。

†自分を晒《さら》すことからは逃げられない

読む人のことを考えるというのは、自分を客観的に見る、ということにもなる。

雑誌などで文章を書く場合、常に前提としてるのは「読む人は私のことを知らない」ということである。これは、10年以上連載していても、私の前提は変わらない。毎週、必ず同じ雑誌を買ってる人もいるだろうけれど、でも、たまたま買った人もいるはずだ。10年ぶりに何となく買ってしまった、という人もいるだろう。その人たちの興味にどう引っ掛かるか、というのが大きなポイントなのだ。毎週書いてるから、お馴染みでしょう、私ですよ、という書き方がどうしてもできない。それができるのは、すごい売れっ子か、文章の芸当レベルがおそろしく高いか、もしくはただのアマチュアなのに連載してるかのどれかだとおもう。

長年の連載でも、常に新読者に向けて書くというのが、私の方法だ。

このあたりは性格によるものだとおもうが、でも、雑誌の文章はそうあるべきだ、ともおもっている。

雑誌の文章は、ある意味、路上販売と同じである。もしくは祭りの縁日。

近年はあまり見なくなったが、かつては路上で、台をばんばん叩き、セリフを聞かせて物を売っていたことがあった。フーテンの寅さんがやっていた〝啖呵売〟である。あれと雑誌は基本、同じものだとおもう。

客は、参詣と縁日巡りを目的に来ているから、敵意を持ってるわけではないが、でもどの店に金を払うか気分次第だし、何も買わずに帰ることもある。雑誌の読者と同じだ。雑誌を手にしたからには、敵意を持ってるわけではなく、何かしらの興味はあるのだけれど、でも、どの記事を熱心に読むかは、その人次第だし、気分次第だ。

そこで、居並ぶ記事の中から、自分をより印象づけるように、工夫を凝らしたほうがいい。

基本、文章を書くことは、自分を〝さらす〟ことだ。

少なくとも晒す可能性はいつも秘められている。

自分をまったく晒さずに文章を書くことはできない。そこは覚悟しないといけない。

自分が多少なりとも晒される覚悟で文章を書くか、晒さないためにまったく文章を書かないで一生を過ごすか、選ばないといけない。でもいまの世の中、書かないのは無理でしょう。この時代に、メールもミクシィもツイッターもフェイスブックもやらずに生きていく若者がいるとしたら、かなり苦しい。散見するかぎり、ツイッターやミクシィでは、みんな自分を晒しまくりである。かえって、その、晒す恐怖をもうすこし持ったほうがいいんではないかという晒しぶりが目立つくらいで、気をつけてください。

言い方を変えると、文章では、自分を売り込んでしまうことになる。

文章を書くかぎり、どうしても自分を売り込んでしまうことから逃れられない。文章というのはそういうものなのだ。その覚悟をしておいたほうがいい。開き直ったほうが、あとあと楽なのだ。

いや、私、自分を主張したくないですから、という気持ちはわかる。

ただ、世にある「意味の通じない文章」の多くは、その気持ちが生み出している、と言っていい。〝文章を書いているのに、自分を隠したい〟その矛盾を超越して意味のわかる文章に仕上げるような職人芸はふつうの人間は持ってないし、もちろんプロも持ってない。(自分を晒すつもりのないプロはふつう存在しない)。

つまり、無理だ、ということだ。

日本の社会で心地よく過ごすために、我々は繰り返し「自分を強く主張しない」という訓練を受け、それこそ命を削るようにそういう訓練を受け、そうやって日本社会を守り続けているわけなのだが、その訓練が文章に反映されると、文章はわかりづらくなる、ということだ。

(ちなみに、自分を強く主張しない訓練を私はまったく否定しない。その基礎訓練がなされてるという前提で、さて、どうしますか、という選択の問題なのである)。

この「あまり自分を晒すことをよしとしない日本のルール」と「自分を晒すしかない文章表現」を、どう折り合わせるか、というのが日本独特の『文章読本』というテーマである。もちろん、私個人はそういうことに興味はあるが(名文美文を書く、という分野のテーマはないですけど)、この本のテーマとはあまり関係ないので、そこには触れません。ただ、多くの日本語のプロによる文章指導の理念は、そこにある、ということだけは知っていてもいいとおもう。

†誰が読む文章なのかが大事

雑誌の文章を書くときに力を入れるのは「もとより私に興味のない通りすがりの人にどうやって注目してもらうか」である。

机を叩いて、大きな音を出して、こちらを注目させる、というつかみのところは次章で説明します。いまは、音を立ててこちらを見てくれたとき、の意識ですね。わざわざ見てくれた、そこでその気を逸らさないにはどうすればいいのか。

文章が受け入れやすいこと。

これが大事。

ぱっと見られた瞬間の印象として、漢字がそんなに多くない、難しい表現もいっぱいあるわけではなさそうだし、カタカナも少ない、改行が適度にしてあって読みづらくなさそうだ。たとえば雑誌を書く現場では、そういう「内容以前の見た目の問題」が大事だということだ。文体や、美しい文章や、正しい日本語である以前に、ビジュアル的にどう見えるのか、それによって人の食い付きは違う、という意識である。

おそらく、ちゃんとした文章を書きたい、と考えてる人には、この視点がまったく欠落してるとおもう。ちゃんとした文章を書く前に確認することがある、という話です。

誰に何を伝えたいのか。

よくこういう問いが立てられるけど、「誰に」だけが大事です。「何を伝えたいのか」は、あとまわしでいい。場合によってはまったく気にしなくていい。

誰に伝える文章なのか。誰が読む文章なのか。まず、文章を書くときは、そこから入る。ただ、誰に、を設定しただけで終わってはいけない。ここから踏み込むかどうかが大きな分かれ目である。壁のひとつはここにある。(つまりアマチュアの人は、ほとんど踏み込むことがない、ということだ。)

大事なのは、誰に、を決めることではなく、誰に、が決まったあと、その人はどういう気持ちで文章を読むのだろうか、というところまでリアルに考える、ということだ。

雑誌に書く場合、読者は基本、不特定多数、である。

ただ、雑誌によって読者層が違う。落語専門誌であれば、いきなり落語のディープな話題から入ってもついてきてもらえるが、若い女性向けの雑誌の場合、落語の話をするのなら、かなり丁寧な説明から入らないとついてきてもらえない。その「視点」の設定である。不特定多数ながら、その視点の中心はどのあたりにあるのか。読者の彼女たちは、いまからの話題にどれぐらいの関心を持っているのか、そこをリアルに設定すること。それが、文章を書くときにまずやることなのだ。

雑誌の場合は、手にとって読んでくれる読者。

どんな文章でも読み手が存在する。

新聞の投稿。ラジオ番組でのお題に対する回答。

この場合、読者は「新聞の購読者」や「ラジオのリスナー」ではない。

その前にクリアしなければいけない第一の読者は「新聞の投稿欄の担当者」であり「ラジオのハガキを選ぶディレクター」である。第一読者を明確に意識して、その人をクリアすることが目標になる。

だから新聞の投稿の場合、本人の意見というより「新聞投稿にはこういう意見がいいだろう」という傾向の意見が載りやすい。自分の意見を述べるという点においては疑問のある方法であるが、しかし、文章の書き方としては間違っていない。専門的投稿者は、新聞が載せたい意見を先取りして、自分の意見のように書く技術の優れている人、である。

これは読書感想文の世界でも同じことがある。評価される子は、選考者に気に入られる文章を書く技術に優れているのだ。多くの場合、その選考には不思議な偏りがあり、そういう嗅覚に優れた人物により簡単に見抜かれて、模倣されるわけである。

ただ、この場合、頭が選考者にあり、書いてる身体が投稿者のものだから、かなりのねじれが生じ、ほとんどの場合、すごくつまらないものができる。賞をもらって嬉しいとか、新聞に載って嬉しいというのはわかるが、この、頭脳と身体の分離と捻《ねじ》れは、かならず書いた本人に跳ね返ってくるので、あまり、やらないほうがいい。跳ね返ってきたものも受け止められる強靭さがあるから大丈夫、とおもうかもしれないが、予測できない危険はあまり受け止めないほうがいいのも確かだ。ま、早い話が読書感想文を本気で書くな、ということだ。新聞の投稿もですね。ラジオのハガキは本気で書いたほうがいい。

論文は、それを審査する先生が読者だ。

入学試験の小論文、これは、採点者が読者ではないところがむずかしい。採点者が個人的な感覚で優劣をつけない。採点者が変わっても同じ点数がつけられるのが、小論文の特徴である。つまり、採点者は、自分たちではない「正しい考え」を上に戴いてそれをみんなで共有しており、その手足となって採点しているばかりである。つまり、入学テストの小論文には読者がいない。一種神に向かって書くばかりなのだが、かなり偏向した神であり、「受験論文の神」としか言いようのない存在である。受験技術としては、その「受験論文の神」の考え方をどれぐらい自分のものにできるか、がポイントになる。

就職活動で出すエントリーシートは当然、その会社の人事担当者が読者。人事担当者の気持ちを考えて書けるかという問題だ。自分のことしか考えてない学生はただただ「選ばれたい＝好かれたい」とおもって書く。でも一部、勘のいい学生は「人が人を選ぶときは、何を基準に選ぶだろう、おれは人を選ぶとき、こういう基準で分けてるな」と考えて、つまり読む人の立場から書くので、すらすらと通っていく。結果として、書き手の立場に固執してる人と、読み手の立場がたまたま想像できた人とで、大きく差が開いていく。（エントリーシートの段階で、ですけど）。

†悪口を書くのは難しい

ブログや、それに類する文章は、読み手がかなり広い。雑誌よりも広く、ネット上の文章を書くときは、わたしでも雑誌よりももっと平たい文章になる。開いてながらも鋭さを持ってないと切り込めない。

閉じられた人間関係内での日記の公開の場合は、かなりの読み手の立場に立っての発言が必要なのだけれど、まあ、ほとんどなされておらず、若い人のミクシィでの揉めごとを見てると、ほんとに「読み手を特定した文章の書き方」はとてもむずかしいとおもう。

若い人は、肯定も否定もふつうに並列で書くことが多いが、悪口を書くのは実に難しい。

相手をひたすら傷つける目的で攻撃的に書いた文章については、これはもう除外します。それは文章ではなくて、ただの凶器。そんなもの書いてちゃだめです。自分を刺してるのと同じだから、やめたほうがいい。

多くの悪口は、共感してもらうためか、軽く笑ってもらうためか、もしくは自分の鋭さを見せつけたいために書かれるけれど、はたしてその悪口をそのまま当の本人に目の前で読まれても大丈夫か、というのがポイントだ。つまりＡＫＢ48の板野友美の悪口を書いたとして、それを板野友美の楽屋に招かれて、目の前で板野友美に座ってゆっくり読まれても大丈夫か、ということだ。ちょっとリアルに想像すればわかるだろうけど、そういう文章にはかなり高度な芸当が必要です。板野友美が想像しにくいなら、あなたの兄弟姉妹、もしくは友人、後輩の悪口を書いて、本人に目の前に座り込まれて読まれて、それでも大丈夫か、ということです。当人は座って読んでいて、その目の前で自分も座って待ってる、という風景が大事ですからね。

こういうと、「悪口でも、こうすればよくなる、という提案がのっけてあれば〝良い悪口〟なので、大丈夫ではないか」と考える人がいる。

これは実際にライター講座で質問された。人の悪口をうまく書くにはどうすればいいでしょうか、という質問で、だからおそろしく文章力が必要なので、少なくとも私には一生、うまく書くことができない、と答えたら、ほんとに「だったら最後に改善策をつけた悪口だといいんじゃないでしょうか」と言ってきたのだ。

そのときの私の答えは、「自分の書いたものを一方的に悪口を言う人はそういう人なのかとおもってスルーできるけれど、でも、そのあとにこうすればよくなる、という意見がついた悪口だったなら、烈火の如く怒りだし、書いた人をまず許さないとおもう」と答えました。改善策のついた悪口とは、つまり対等の立場で悪口を言っていたのが負担になり、相手より上位に立ってその立場を正当化しようというだけだから、悪口の内容よりも、そのポジションチェンジに怒ってしまうのである。改善策を示したいのなら、悪口をまったく切り離して言うべきであるし、感情的に変えて欲しいところがあるのなら、ただ感情的に変えて欲しい変えて欲しいと連呼してくれればいい。少なくとも怒らない。

つまり「悪口も、読んでる人の立場にリアルに立って書け」ということである。（傷つける目的の文章は、できるかぎり書くな、人生において、その回数は可能な限り減らせ、ゼロであるのがもっとも望ましい、という教えも入れてますけど）。

読む人の気持ちになって書く、というのが、実は大変だ、という話でもある。

それは常に意識してないとむずかしい。

おのれ一人の力でやろうとおもってもなかなかできるものではない。私も、作文教育で培われた意識を「漢字少なく、改行多く」というテーゼによって破られたため、より考えやすくなった、ということである。

†「客」はどこにいるのか

じつは私は、最初に文章を書いたときから「声を出して笑ってもらいたい」という目的で書いていた。中学三年生のとき、クラス新聞を書く係になって、なぜか、ふざけて書き出したのである。

これはすごく目的が先鋭化している。笑いというのは、かなりの状況を共有していないと、起こらない。外国のジョークが笑えないのは、文化が違うからだ。でも、男女のこと、親子の気持ちは、これは人間であるかぎりかなりの状況が共有できるから、そのジョークは笑えるのである。

笑わせよう、というふうに文章は作られていないので、文章という道具を駆使して、いろんな方法を編み出し、本来は喋りと動作で取る笑いと同じものを出そうと、いろいろと工夫した。

たとえば、(笑)という対談インタビュー用の記号を多用すると面白いのではないかと試みて、最初はおもしろかったですね、その当時はふつうの文章の途中に（笑）と入ってるのは、見たことがなかったんで、おもしろくておもしろくて、何回も何回も使ってるうちに、ふた月で飽きた。そりゃ飽きます。そのあとはほとんど使わなくなった。これはまあ、記号と笑いの問題でもあるんだけど。

笑わせるためだけに文章を書くと、文章を書く第一段階をすごく簡単にクリアできるのだ、と気づいたのはプロになってからである。笑わせるためだけに、文章を繰り返し書いて、いろんな可能性に挑戦する、というタイプが、あまり世の中には存在しないようなのだ。笑わせたいやつはもっと肉体的に行動するし、文章を書くのが好きな人は、人の感情の一部を直接動かそうとはしない、ということなのだろう。事実、見渡すかぎり、そうである。

笑わせたいという考えから始めると、ずいぶんと楽である。

そもそも気取らない。賢いとおもわれたくない。おもってくれてもいいけど、まずおもわれない。難しい言葉を使ったり、無理な漢字を使ったりもしない。（そういうギャグの場合は別だが）。文章書きの最初の壁、自分の言いたいことよりも読む人の気持ちを優先して書く、をあっさりとクリアできるのだ。

だって内容じゃなくて、どんな内容でもいいから、笑ってもらえるかどうか、がポイントなんですから。これが、意外と文章を書く鍛錬に有効だった。そもそも鍛錬なんておもってもいないし。

じゃ、わたしもそれでやろう、と始めてみるのはいいとおもう。ただ、日常でも人を笑わせるのが好きかどうかが影響してきますけど。

私はすごく具体的な読者が目の前にいて、その人たちに向けて書いていた。

ここも大きなポイントである。

目の前で笑ってもらえることもあったし、翌日になって、おもしろい、と直接言ってもらえていた。もちろん、つまらん、とか意味わからないという否定もいっぱいもらうんだけれど。具体的な読者だから、名指しできる。クラスにいた「もっちゃん」と「きっしん」と「たまさん」を笑わせようとピンポイントで書いていた。女子で名前を挙げるなら「チャクレ」と「こっしん」と「めーちゃん」である。

具体的な顔があって、具体的な笑いを目指していた。これによって、いろんな障壁を越えられたのである。その感覚を分解して、ライター講座の生徒さんの失敗をもとにして、いろいろと考えて書いているわけである。

読者を特定する、というのが、実は大きな力を持つ、というのを最初の段階から感じていたのである。不特定多数の読者に向けて書いても、なかなかおもしろいものは書きにくい。私は不特定多数だからな、とおもってくれる読者がいないからだ。ブログでもツイッターでもそこは同じだとおもう。

さて、1章で言いたいことが、この新書の核である。

つまり、文章を書く前に、意識をひとつ変えないといけない、ということを1章では伝えたいのだ。

繰り返し言っている。一文で言うのは簡単だ。

「客の立場に立って書け」

ここでは、客、としてます。もう、読者ではない。客。

でも、その意味するところは、自分が想像しているものと違う、と考えないといけない。人は、自分の立ってるところから自分の頭だけを使って想像する癖がついている。その立ち位置から少しでいいから動けるか。そこだけなのだ。

動けたら、それが意識改革である。

そして、その意識さえ変えれば、あとは枝葉末節にすぎないということなのです。

2章　文章は人を変えるために書け

この新書のポイントは二つの方向にある。

一つはタイトルにも使われているように「いますぐ書け」というポイント。

もう一つは、1章で述べた「文章はサービスである＝本気で読者の立場に立とう」というポイントである。過激に言うなら、読者のためなら、自分の主張さえも捨てろ、です。

いままでのような考えは変えろ、ということですね。

つまり書く前に準備しろ、ということになる。

いますぐ書け、と言ってるのに、準備しろ、といっているようで、ちょっと矛盾してる。

でも、そうではない。どちらも「いまのあなたの意識を変えてください」という同じ方向で述べているのだ。

†いま持っている言葉で書けばいい

私が設定しているのは「文章を書いてみたいけど、うまくいかない。もしくは、書こうとして、なかなかうまく書き出せない。少しだけ書いてもそれ以上書き進めず、困っている」という人たちです。

ここで真っ当に悩むと、

「私がうまくいかないのは正しい方法を知らないからだ、どこかに文章を書く正しい方法があるに違いない」

と考えてしまう。

そして、ライター講座にいったり、本を買ったり、インターネットで検索したりする。この人たちには欠落感がある。そして、それが間違っている。

つまり、正しい方法を求めて「ボキャブラリーを増やす」「漢字をたくさん覚える」「使いやすい四字熟語をピックアップしておく」「正しい日本語の書き方という本を買う」なんてことをし始めるんですね。

「いまの自分は足りない。だから補って、足して、そしたら文章もうまく書けるだろう」という発想ですね。

この発想が間違っている。

ここのポイントにおいて、「すぐ書け」と言いたいのだ。

つまり「国語力を上げ、ボキャブラリーを増やし、表現の豊かさを学んで身につけてから書こう」と考えないで欲しい、ということだ。

そんなところに、正しい文章世界は存在しない。

あなたは、あなたがいま持ってる言葉で書けばいい。

それが言いたい。少なくとも、この新書を読める程度の日本語力があるなら、それで十分なのだ。とりあえず、国語力を上げる必要はない。時間の無駄だ。とりあえず書き始めよう、という提言である。

(ちなみに、ずっとずっと将来のために、ボキャブラリーを増やしたり、国語力を高めることは、やったほうがいい。国語力をつけるにはどうすればいいかって、そりゃ、読むしかないですよ。とにかく読む。読む。次々と読む。同じものも繰り返し読む。あなたが何歳だろうと78歳だろうとこれからまだ書く気があるなら読みなさい。まだ読んでない本があるでしょう。アリストテレス全集はもう読破したのかい)。

†意識は一瞬に変わる、変える

ただ、いきなり書こうとして、書けなかったのだ。そこには原因がある。

国語力の問題ではない。

意識の問題なのだ。

あなたは自分の立ち位置からだけ発言してるから、どこかで行き詰まってしまうのではないか、という提言です。1章の趣旨です。つまり、自分の立場から書くんではなくて、読者の気持ちにリアルになって書け、ということ。つまり意識を変える。意識を変えるといきなり書ける可能性が高まる。意識を変えるのは、なかなか難しいけれど、変わるのは一瞬の出来事である。時間をかけて徐々に変わる意識、というのはあまりよくないです。

(それはふつう洗脳と呼ばれる)。変わるときは、一瞬にして、変わりましょう。

二方向は、つまり、ひとつの話の表裏である。

「すぐに書け」と「意識を変えろ」というのは、うまく書けない人が書けるようになるための提案の両面だということだ。

「国語力の問題は関係ないから、勉強をしないほうがいい。でも、いまのままでは同じだから、とにかく視点を変えなさい。意識を根底からくつがえしなさい。自分の言いたいことを言うんじゃない。読んでる人が喜ぶものを書きなさい」

そのように〝意識をきちんと変えられれば〟いますぐ書きなさい、ということだ。

とりあえず、どうやって意識を変えていくか、の話を続行します。

文章を書くことは、サービスである。

読む人のことを考え、ゆきとどいたサービスを届けないといけない。

さて、その方法は。

雑誌での、人つかみの方法を述べる。

本書はすべて、私の経験である「雑誌での企画ページ」を基本として具体例を述べるところから始めて、そこから一般的な文章の書き方を拾っていくことにします。

私は雑誌に文章を書かないから関係ない、とは考えないで欲しい。他人に読んでもらう文章を書く、ということでは基本は同じだから、とりあえず聞いてください。

大道で、机をばんばん叩いて耳目を集める役目、雑誌では、それを「見出し」が担う。

タイトルとも言う。企画のタイトルですね。

東京だと、電車に乗っているだけでおもだった雑誌の見出しが一挙に見られる。中吊りと呼ばれる車内広告ですね。電車で通う人は、雑誌を買わなくても何となく広告で世の動きや、芸能人の動向を知ることができる。多くの人は見出しで世の中を知っている。いくつもの見出しの中で、おや、これはおもしろそうだ、他と何か違うな、とおもってもらわないといけない。そうおもってもらうことが、雑誌記事では一番大事である。

だから「見出し」にはセンスが必要なのだ。職人芸的なセンス。

基本は、驚かせること。

そうでないと、人は聞いてくれない。

「いまは冬だけど、やがて春だ。暖かくなる」

なんて見出しでは、誰も何も注目してくれない。当たり前すぎて、かえって気にする人はいるかもしれないけれど、まず、金は出してくれない。ふつう、そんな当たり前の見出しはまず書かないだろうけれど、でも「戦争はやめるべきだ」「人にはやさしくしよう」「リサイクルをしよう」なんてことはわりと書いてしまう人がいて、残念ながらそれでは「冬の次は春である」と言ってるのと変わらない。そういうセンスです。

見出しは「逆説」がいい。

予想しない論理展開を見せるものを、逆説と呼んでいる。

途中の説明をすっとばした不親切な理屈だけれど、妙に説得力のあるもの、という言い方もできる。

いっとう有名な逆説は「急がば廻れ」である。

急がば廻れ。

急いでるときは、遠回りをしなさい。

「急いでるから、本当は近道をしたほうがいいとおもうのに、遠回りをしろ、とはどういうことだ」とその言葉を聞いた人に疑問を抱かせるための手法である。

雑誌の見出しには逆説を多く見かける。

「痩せたいなら、おもいっきり食べろ」

「デブで汗っかきがモテる時代が来た！」

「日本は世界から孤立したほうがいい」

「八百長がスポーツを発展させる」

怪しい商品のキャッチコピーや、自己啓発まがいの書物のタイトルにもよく使われてそうな見出しですね。雑誌の基本は、そういうところにあるからです。大道で売られていたいかがわしいものと大差ない。ばんばん机を叩いて、叩き売りをしている香具師《やし》と、その出自はほぼ同じである。そこに雑誌の魅力がある。雑誌はそういうものなんです。

だから雑誌の読者というのは、縁日に出向いて屋台を冷やかしてる客と同じで、何かぴかぴかしてるもので目を惹くとか、大きなのぼりで目立たせるとか、醬油を焼いている匂いを必要以上に強く漂わせるとか目の前の板を音を立てて叩くとか、そういう五感に訴える素朴な刺激で振り返らせるのが有効なわけです。

だって、ひたすら真面目に作ってたって、存在に気づいてもらえないと、意味がないからね。

何といっても刺激。刺激的タイトル。

おや、なんだろう、とおもわせること。

そういえばライター講座の受講生は、タイトルをだいたい疑問形にしたがっていたけれど（語末に〝?〟がつくもの、ですね）、疑問形のタイトルをつけると、ほとんど誰も相手にしてくれないから気をつけたほうがいい。おや、何だろうとおもわせることと、タイトルを疑問形にするのとは何も関係ないから。

文章を書くときは、読む人の立場で考える。

一般の読者は、まず間違いなく「不親切で、不熱心な読者」である。

読む人の立場で考えるということは、「『あまり、興味ないんだけど』とおもって読み始めた人」をどう引き込んできて、本気で読ませるか、その方法を考えることになる。

†「人の考え」はあまり聞きたくない

ここに、ひとつの資質の問題がある。

あまり世に意識されていない、文章書きとしての資質。

それは「さほど熱心でない読者をこちらに振り向かせる工夫が好きかどうか」である。工夫が好きか。

これが嫌いなら、まず文章書きを目指さないほうがいい。多くの人に読んでもらうことはあきらめたほうがいいとおもう。それでも目指したいなら、いまから工夫好きになるしかない。

「自分が書いたものをそのまま受け入れて欲しい」という気持ちが強い人は、文章を書いてもしかたがない、ということだ。そして、あてもなく文章を書いてる人には、残念ながらそういうタイプの人が多いのだ。ここにもプロとアマを決定的に分ける境目がある。やはりサービスの話だ。

これを刺激的に、逆説的に言えば、こうなる。

「自己表現をしたい人は文章書きになれない」

え。そうなの。

とおもわせるためのやや乱暴な言い回しではありますが、でも真実ですね。

もちろん、文章は自己表現のひとつです。でもその表現方法に工夫がなく、ただストレートに聞いて欲しいというわがままな自己表現では、ほとんど誰にも読んでもらえない。

これ、おもしろい、と人から人へと伝わっていくことがない。そういう力がない文章を書いていても、プロにはなれないということだ。

だから「自己表現したい人は文章書きには向かない」のである。

自分の意識だけを強く考えて、それを受け取る側の意識をまったく想像してない場合は、自己表現でも何でもない、ということです。

読んでくれる人はさほど自分に興味がないという事実を冷静に受け止めて、自己表現の前に、向こうを読む態勢にする工夫をすることだ。

つまり、サービス精神のある人だけがプロの文章書きとして生き延びられるってことです。

熱心ではないふつうの読者は、こちらのサービスを受けて当然と考えているので、積極的にこちらの言いたいことを汲み取ったりしてくれない。

とりあえず、客が手に取りやすく、咀嚼《そしやく》しやすいよう、工夫しなければいけない。

そのポイントのひとつが、「おもしろいタイトルがつけられること」である。

「私が書こうとしてるのは、タイトルや見出しが必要な文章ではないので、その考え方は関係ない」とおもってる人もいそうだから言っておくと、どんな種類の文章でも、きちんとした文章であるなら、必ずタイトルを付けることができる。そしてそれは、誰がつけてもだいたい同じ方向性のものになる。これは、優れた文章の特徴だ。優れた文章とは、ひとつのことだけをわかりやすく書いていて、ストレートに言いたいことが伝わってくる。ちゃんとした文章は必ずそういう出来上がりになってる。

逆にタイトルがつけにくいのは、いろんな要素が入っているからで、それが〝わかりにくい文章〟の典型です。だから、タイトルがつけやすいのがいい文章。

自分が書いた文章にタイトルをつけてみるといい。タイトルをつけにくいものは、悪い文章である。それはブログでも日記でも同じ。その日の出来事がただ羅列されてるだけなら、その日の日付けをタイトルにするしかなく、それは公開する性質のものではない。

タイトルを付ける行為はきちんとした文章を書くことと密接に関係しているのである。

刺激的なタイトルは、その文章の主張がおもしろいから付けられる。おもしろい文章は、読者を惹きつけ、タイトルも付けやすい。


では、おもしろい、とは何か。

どういう文章を人はおもしろいとおもうのか。

「知らなかったことを知る」

そのとき、人は面白いとおもう。

簡単に言ってしまうとそうなる。

知らなかったことを知ったときに、人は、何かが変わった感じがする。本当に変わったかどうかはわからない。でも、自分で何かが変わったとおもうことが大事だ。

だから、おもしろい文章とは、読んだ人が何か変わったと感じる文章ということだ。

文章を書くほうは、それに応えなければいけない。つまりこう言える。

「文章を書くのは、人を変えるためである」

ちょっとえらそうだけれども、でもこれが文章の根本だとおもう。

サービスという立場から言えばこうなる。

「お客さんの時間をいただいて自分の書いたものを読んでもらうのだから、読んだあと、読む前と何かが変わったとおもっていただけなければいけない」

「文章を書くのは、人を変えるためである」というと、まるでフランスの啓蒙思想や社会主義革命思想につながりそうな壮大な言葉に聞こえるけど、そんな大層に考えなくてもいい。もっと細かいことでいい。細かいことのほうが、人を変えやすい。われわれがいま必要としてることなら何でもいい。

「唐揚げを簡単に、おいしく揚げる方法」でいいのである。

片栗粉を、ひとつづつきちんとまぶして揚げるのが正しいレシピだと信じていた若奥様が、「調味料と一緒に片栗粉も袋に入れて外から揉んでしまえば同じです」という文章を読んで、それで唐揚げを画期的に手際よく揚げられるようになったら、それは文章として最高である。誰も読んでくれない高邁《こうまい》で自己完結的な革命論より遥かに価値がある。

簡単な唐揚げの方法には、実際に作った人の説得力がある。

頭の中で考えられた精密なる理想的革命理論には、身体性がない。それでは人を動かせない。同じ革命理論でも、キューバ革命を戦い抜き、コンゴ動乱で活動し、ボリビアでも革命運動に従事した男が話したものならば、それは身体性に満ち満ちているから、読む。そういうものである。革命活動に興味のない人が読んでも、そこから何か得るものがあるからだ。

人は人の話を聞きたいだけなのだ。人の考えはあまり聞きたくない。

志を大きく持てるよう「人を変える」と言ってあるが、具体的テーマは小さいものでいい。というか、小さいもののほうがいい。唐揚げの画期的に素早い揚げ方、つけ麵のおいしい食べ方、どうしても逆上がりができない子への指導法、冬の散歩の楽しみ方、そういうものでいい。

日常の周辺を描いたスケッチ風のエッセイなんかは、あまり人を変える文章ではないんじゃないか、とおもうかもしれないが、とんでもない。日常を描いた名エッセイというものは、そこらじゅうにさりげなく「人を変えるための文章」が潜んでいる。潜みまくってる感じだ。猫の見方、冬の朝のすごしかた、散歩道での挨拶、など、いくつものポイントで「人を変える意識に満ち満ちた文章」が書かれているのだ。名エッセイというのは、その人を変える要素を心地よい文章でくるんであって、その、底に潜んだ尖った部分をストレートに感じないように仕上げてある、その装いのさりげなさに凄みがあるのだ。おそろしく高等な芸当である。まず素人にはできないどころか、生半可なプロでも書けるものではない。

身辺雑記エッセイなどは、まさに「人を変える意識」だけの文章だとも言える。人を変えると書くと、攻撃的でエキセントリックなイメージを持つかもしれないが、革命を唱える政治理論よりも、日常生活エッセイのほうがよほど人を変える意識に満ちている。

この言葉はそういうふうにとらえて欲しい。そしてまた、名エッセイと呼ばれているものはそういう視点で読み返して欲しい。

†まずは自分が驚け

人を変える可能性のある文章というのは、だいたい、書いてる人が「自分の驚きを伝えようとしているもの」であることが多い。エッセイなんかはその典型です。

ある出来事、もしくはある話によって、自分が驚き、自分が変わったと感じ、それを人に伝えようとする。その心持ちが根幹にあれば、ちゃんとした文章になる可能性がある。

その地平から考えると、ツイッターで、コピペしたものを「拡散希望」といろんな人に伝えていくのは、これは「文章を書く」という行為とはまったく別次元にある。そういう行為はまた別の次元で評価しなければいけない。無価値だとはおもわないが、でも私には社会的な発展には見えない。望んで社会の古い部分を強化してるように見えるが、その話はまた別の機会に。

文章を書くかぎりは、人を変えるものを書かないと意味がない。

それには明確に読者が意識されているほうがいい。どんな読者なのかをきちんと把握しておくことが、とても大事になってくる。

読者は絞ったほうがいい。

絞った相手に、本気で語ると、伝わる。

読んでくれる人を広く考えてしまうと、文章はひたすら拡散してしまう。

最初から、人類みんな、と語りかける話は、まあ、人類のほとんどに聞いてもらえないだろう。全人類に呼びかけるって、みんな仲良くとか（世界平和）、使い捨てはやめようとか（環境保全）それぐらいしかないわけで、そんな話は小学生でも言えるし、小学生でも、またか、とおもってしまう。忙しい人は誰も聞いてくれない。

それよりも、卒業生二十人を前に、先生が愛情をもって本気で語った言葉は、その卒業生を越え、年代を越え、国境を越え、言葉の壁を越えて、多くの人の胸に届く可能性を秘めている。

人を変えるものを書く、にはどうすればいいのか。

これは要するに心構えの問題である。

いつも「人を変えるもの」を意識して生きているしかない。

常にそういうことを考えて生活してると、題材が見つけやすい。

そんなことを考えて生きているのはしんどい、というのはわかる。「人を変えるもの」ばかり考えて生きていくと、疲れます。

だからいつも「何かおもしろいことはないか」「新しい工夫はないか」と常に考えて生きていればいいのである。

唐揚げの作り方は、ほんとうにこれでいいのか。天気予報の見方はいまのままで正しいのか。いつもと違う通学路を使うとどうなるのか。

そういうことである。

ある意味、真面目でない方法でいく、ということでもある。いままでの方法や、いままでの道や、いままでの見方にちょっと茶々を入れてみるという感じである。真面目な人は、すでに獲得した方法を手放そうとしないからね。そのほうが楽だから。

だから、ラクしないということでもあるし、なんか違うことやったら愉しいかも、とトライしてみることでもある。

ま、怒られますけどね。

緑茶に砂糖をたっぷり入れたらまずじいさんに怒られるだろうし、通学路を変えて迷って帰れなくなったらまず説教を食らう。新しい泳法を独自に開発して水泳の時間に溺れたら大騒ぎになる。

でも、そういうことをいつもやるかどうか、でしかない。

やらない人は、あまり怒られずにまっとうな道を進み、でもって企画会議のときに有効なアイデアが出せずに苦しみそうだ。(でも、他の仕事をきちんとやってれば大丈夫だから、心配することはないいんだけれど)。いつも、奇妙なことばっかりやってる人は、企画を考えるのが苦痛ではない。企画なんざ、いくらでも出てくる、ということになる。だって、日常生活で頼まれもしないのに、ずっと一人で企画出してるから。

あたりまえのことしかいえなくて申し訳ないが、いろんな目新しい企画を立てたいのなら、金も出ないし誰も注目してくれない日常から、いつも企画を立てているしかない。脳というのは、どうもそういうふうにできているらしい。常に使ったところからしか、脳は動いてくれないのだ。

どういう企画がいいか悩んだとき、迷ったとき、考えすぎてわからなくなったとき、立ち返るポイントが「それは、人を変える可能性があるのか」という問いになる。人を変えるというのは、誰か喜んでくれるか、という視点でもいい。

わたしは文章の書き方を学びたいのであって、雑誌の企画を立てたいのではありません、と考えてる人がいるかもしれないが、それは違うよ。

文章を書くときも、まず「何を、誰に向かって、どう書くか」を決めておかないと、どうしようもない。ノープランで書き始めて何とかなるかって、なりませんね。私は、とだけ最初に書き出して、そのまま30分ぼーっとしちゃうだけです。

事前に書くテーマを決めないといけない。

それが企画立案。同じです。

個人が、何となく書いている文章であっても、企画という意識がないと、ただのメモになってしまいます。

何を書こうか、どういう題材にしようか、とおもったとき、もしくはこのテーマで大丈夫かなと不安におもったとき、そのとき「それは人を変えることができるのか」というポイントから考え直してみるわけである。

たぶん、考え慣れしてない人が、そう問いかけられると、「いえ、全然、だめです、変えられそうにありません」と尻込みするのが普通だとおもう。

でも、何か、これを書こうとしたなら、漠然とながら書きたいものがあるなら、おそらくその奥に、何かしらネタになるものが潜んでいるのである。

それをどううまく処理するか。

その考え方に慣れてないだけなのだ。

アイデアを出すときには、つまり企画を考えるときは、とりあえずその考えついた最初のアイデアに固執するしかない。ここに何かがあるんじゃないか、最初のおもいつきをちょっと変えるとうまくいくんじゃないかと、いろいろと悩むしかない。

粘るしかない。頭をひねるしかないのだ。

アドバイスできるのは、考えてることから最終的に逃げないこと、ということしかない。

考え抜くしかない。考え抜く、というのは、おそろしく苦痛なので、でもそれが仕事であるかぎりは妥協せずに進めるしかない。

「それは人を変える可能性があるのか」と問い質したときに、あ、ダメです、とすぐ取り下げるのではなく、「いまのところはダメですから、もう少し考えてみます」と粘るのがアイデア出しではすごく重要。

またうんうん唸って、何とか違う方向から考え直して、そこで再び「今度のものは人を変える可能性はあるのか」と問い質す。「うーん、前のよりは少し可能性が高まったともいますが……」というやりとりを、自分一人で繰り返していくしかない。文章を書く行為は、(この場合は、文章を書く準備をするということ、だけど)基本的にそういう作業である。苦しくないですかって、そりゃ苦しいさ。でも、楽しい苦しさではある。ただの苦行だとおもうと、やっていられない。

ただ、机の前だけで、固まって考えていてもよくないけどね。そのへんのアイデアだし方法は人によって違うから、自分に合った方法をいくつかやってみるしかない。

人に読んでもらえるような文章を書くには、だから、事前にきちんと考えないといけない部分があるのだ。

ごく一部でいいから、事前にきちんと固めないといけない。

書くことすべてを事前に決めることはできないのだが、でもある方向性は明確に持っていないといけない。

何となく、で書き始めると、だいたい文章が迷走して、わけのわからないものになる。文章というのは、書きだしてしまうと、スピードを出した台車をコントロールしているようなもので、なかなかおもったとおりには書けないものなのだ。最終的にはどこを目指しているのか、を常に考えておかないと、わけのわからない文章ができる。「とりとめのない文章になってしまいましたが」と最後に断りを入れてしまう文章は、だいたいがそれである。いくら脱線してもかまわないが、最終的にはどこを目指しているのか、だけは強く持っていないと、ちゃんとした文章にならない。

つまりちゃんとした文章を書くためには、その文章で、あまり熱心じゃない読者をどこへ連れていくのか、をきちんと意識してないといけないわけである。

だいたいの場合は、書く人自身が体験した軽い驚きがまずあって、それを読んだ人にも追体験してもらいたい、という意志で貫かれていれば、何とかなるもんです。

3章 客観的に書かれた文章は使えない

自由作文は書きにくい。

「何でもいいから、書きたいことを書け」と言われた作文の時間は苦しかった。

どうせなら、担任の先生について書くとか、このあいだの遠足でみんなとはぐれたこととか、何かお題があるほうが書きやすかった。

その気分はいまでも変わらない。おそらく、多くの人がそういう心持ちがするとおもう。

完全なる自由は苦しい。自由から逃走したくなる。

自由に書けと言われたときに、何を書けばいいのか。

どこからとっかかっていけばいいのか。

†あにいってんだか

ここで「公」と「私」の概念が出てくる。

公はパブリック。

私はプライベート。

パブリックというのは社会的なもの、プライベートは個人的なもの。

行き詰まったあげくに、ようよう迷って迷って、間違って手を出してしまうのが「公からの発想」というものである。

人さまに見られるものだと考えたとき、それが雑誌であれ、社内報であれ、新聞の投書欄でも学校の作文でも、人はいきなり自分から幽体離脱して、社会的価値のあることを発言しようとし始める。

「公」の立場に立って、人さまに間違いを指摘する存在と化す。

まさに、自由からの逃走。

いわく「現政権の場当たり的な政策はまさに憂慮すべきものである」「地球環境を考えたとき、我々のとる行動はもっと自覚的であらねばならない」「教育制度はまさに破綻しはじめており、もっと現場の声を教育政策に反映せねばなるまい」等々等々等々等々。

あにいってんだか。

こういう文章を読んだときの感想はそのひとことだけである。何言ってんだか、ではない。あにいってんだか、である。ほんとにもう、あにいってんだか。

そしてライター講座で生徒に企画を提出させると一定数、このタイプのものが出てくるのだ。

こういう「社会的発言」こそが、文章を書くときの大きな敵である。

もちろん、政治経済社会教育について発言するな、ということではない。

ただ、いきなり現政府よりも上の立場に立って、悪いところを指摘して、改善する方向を指し示せば、それで事足れり、一丁あがり、と言ってるのは、たぶん言ってる本人はすごく高いところから発言していて気持ちいいんだろうけれど、でもそんなところからは人を動かす何かは絶対に生まれてこない、ということである。意味がなさすぎる。


文章は、あくまで個人から発するものである。

組織を代表して書く一種の公文書じみたもの以外の、ふつうの文章を書くのは、必ず個人から発する。

文章はすべてプライベートから始まるものである。

何を書いてもいい文章を書くとき、何を書くか。

それは自分の話である。あなた個人の体験とそこから生まれた何かの感想である。あなた個人の疑問である。あなたが感じたきわめて個人的な風景である。

現政権の管理能力のなさについては、それは他の人に任せておけばいい。あなたが現政権の官房長官か総理補佐官なら、その話は個人的話であるから聞くけど、そうじゃないなら、別にしなくていい。

地球環境については、もっとしなくていい。ほんと、やめて。

文章はあくまで「プライベート部分」からしか発信できない。

あらゆる文章はすべて「個人」が発信して、個人的な視点からしか発言できないのである。一部の公文書的例外を除いて。

文章を書くことは、ある種、あきらめの連続でもある。

まずいい題材が選べないというあきらめがあり、うまく書けないことへのあきらめがあり、そして「自分を晒したくない」ということもあきらめなくてはいけない。

†そのラーメンはうまいのかまずいのか

高田馬場—早稲田のあいだには数多《あまた》のラーメン店があり、最近、その全店を調べている。ただラーメン専門店だけで百軒ほどあるので、一人では調べきれずに、学生にも手伝ってもらっている。十人近くの学生に手伝ってもらって、その店のラーメンの味と店内の様子をレポートしてもらっている。

これが見事に個人差が出てくる。

きちんと書けるやつと、きちんと書けないやつ。

そして、「きちんと書こうとしてるやつ」の文章は、だいたい使えない。

たとえばこういうものだ。

「食べたものは味噌らーめん。麺はストレート麺、スープはオーソドックスな味噌味。具はチャーシュー一枚、メンマ、もやし、玉ねぎ、ワカメ。調味料としておろしニンニク・辛味噌・すりゴマが置いてあり、味に変化をつけられます。無料で麺大盛り化ができるし、11時〜16時の間はご飯一杯無料なのでお腹いっぱい食べることができます」

以上。

このレポートをもらって、これを書いた学生を呼び出して、まず、聞いた。

「で、このラーメンはうまかったのか、まずかったのか。どっちなんだ」

「え。そんなこと書いていいんですか」

「書かないとレポートにならんだろ」

「個人的な感想になってしまいますけど、そんなの書くのはちょっとどうかとおもったんですが、おれ個人の感想でいいんですか」

「……個人的じゃない食べ物の感想って、何だよ。そんなものはない。うまかったかまずかったか、書くんだ。どっちなんだ」

「えーっと、ふつうでした」

「なんじゃそら」


ここにわかりやすい「畏れ」が出ている。

このレポートは集めて何らかの冊子にする。その時点で知らない読者が読むことになる、それを考えたときに、彼はわかりやすく、自分を抑えたのである。「個人的な感想にすぎないうまいまずいを、そのまま世間に公表するなんて、そんなことはできません」。

日本人として、よろしい。

ちょっと脱線するけど、「日本人は個人の意見を突出してなかなか言わない、それは国際社会的見地から見て、あまりいいことではない、自分の意見をはっきり言うようにしよう」という言説をよく見かけるのだけれどそれは無理です。

日本においては文章化せずに社会の沈黙の文化として、コードとして、「突出して自分の意見を言わないこと」というのが子供のうちから徹底して刷り込まれているので、これを避けることはできない。明文化されず、常に否定でもってしか教えられない（そういうことをしてはいけません、としか教えられない）ために、かなり強固に破れない教えとして沁みついていて、それは人を殺してはいけないとか自分を傷つけてはいけないというような、説明不可能な「破ってはいけないコード」として身につけている。

つまり学校では教えてくれないことなので、そんなこと言わなくてもわかってるはずのことなのでちょっとやそっとでは拭えない。(だから帰国子女はいろんなコードが身についておらずに、この社会になじむのにかなりの苦労をする)。

なんでそうなのかというと、わが国内において生きていくのには、その方法がとても便利だからです。でなければそんな沈黙の文化を受け継いでいくわけがない。生きていくためのとても有効な文化なのだ。

とにかく、学生は〝公〟のものに〝私〟の感想を混ぜてはいけないのではないか、という畏れを抱いたのである。日本人としては正しい感覚だけれども、こと、文章に関してはそのルールを持ち込んではだめなのだ。それはすべての学生がこういう反応をしたわけではなく、きちんと個人の感想を書いてくるやつは書いてくる。

〝つけ麺やすべえ〟についての学生のレポート。

「ここのつけ麺はスタンダード的な印象を持っているのですが、他を食べていくにつれ、よそより甘いものだということを知りました。麺がやや水っぽいので、それにタレの味が合わさると、まさに、まさに、という感じのいい濃さになります！　そこがすごい！」

「味は甘いので好き嫌いが出るが、好きな人には、もう、たまらない。私は大好きです。もう大学入ってから50回以上行ってるとおもう。いや、もう少し行ってるかな。とにかく定番中の定番です。」

「たぶん味のベースみたいなものはその辺のつけ麺とあまり変わらないとおもうのだけど、独特の甘みと短冊状に切った豚の脂が原因なのか、食ったときに妙に脳内麻薬が出るような不思議な味わいがある。つけ麺色々食ってますが、この感じってのは他に実はあんまり無いんですよね。麺ののどごしの良さも大好きなポイント。麺の太さとか香りなら他にもいい店があるんですが、つるつるした食感だけは、これだけはもう圧倒的にここが一番だとおもう」


読んでいてうまそうだ、食いたいな、とおもわせる力がある。

文章の巧拙を越えて、何とか、自分がうまいとおもったものを他の人にもうまいとおもってもらいたい、という気持ちが出ている。そういう文章は、いい文章です。

ラーメンだけではない。何だって同じだ。自分を出すしかない。

雑誌は〝公〟、自分の感想は〝私〟、両者を混ぜないほうがいい、という感覚を持つと、まともに文章が書けなくなってしまう、という話でもある。

†データ原稿はデータじゃない

私も、ライターになりたてのころ、似たような失敗をしたことがある。出入りしていたライター事務所がラブホテルの雑誌を作ることになって、何の経験もない私までが取材に行かされた。取材から帰ってきたら「データ原稿を書いてくれ」と言われた。

データ原稿。

雑誌にはデータ原稿とアンカー原稿というものがあって、取材した人が書くものが素材原稿で、それがデータ原稿と呼ばれる。それを雑誌に載せるように本人が手直しすることもあるが、古いシステムでは、アンカーマンという手《て》練《だ》れのライターがいて、彼が素材原稿をまとめたり、手を加えたりして、雑誌のトーンに合う原稿に仕上げる。それがアンカー原稿。つまり原稿の最終形である。取材した人が書いた一次原稿と、それをまとめる最終原稿という形を取るのだ。いまでもこれが残ってるところはあるとおもう。

で、データ原稿を書いてくれ、と言われ、そのデータ、という言葉にだけ引っ掛かって、私は取材にいったラブホテルの「客観的事実」だけを書いて渡したのだ。

もちろん、あとでアンカーの人に呼ばれて、きちんと注意された。これではどんなホテルなのかまったくわからないので、原稿が書けない、と。

先に例示したラーメンのレポートと同じである。

私の個人的な主観を書いてはいけないと自重して、誰が行っても同じように書けるはずの、外観や室内の客観的描写、値段、部屋数などだけ、数値を並べるようにして書いていたのだ。うーん。汗顔の至り、ですな。

駆け出しのライター、というより、まだライターにさえなってない若者にとっては、雑誌に載せるものに私見を交えてもいいとはとてもおもえなかったのだ。

この失敗は、一度気がつけば二度は犯さないのであるが、でも気づかず、誰も言ってくれる人がないと、繰り返し同じことをしてしまう。

「個人的な感想なんですけど、そんなの書いていいんだろうか、いや、よくない」と自問自答しつづける人生だ。

データ原稿には、あなたの私見をいっぱい入れて欲しい、というのが、アンカー原稿を書くようになってよくわかる。

ものすごくつまらなそうなことや、データ原稿を書く人（データマンと呼んでました）

の個人的な趣味趣向に彩られた偏見でもって文章を書いてもらうと、じつはかえってわかりやすくなる。ビビッドに伝わってくるのだ。

その場合、自分の偏向を記しておいてもらえば助かるのだが（私は甘いものが好きなので評価が甘くなるんですが、なんて注釈です）それがなくても、その人物を少しなりとも知っていれば、これはかなり偏見だな、これは卓見だ、なかなかおもしろい、といろいろと取捨選択できて、そのうしろにある「現場で起こっているビビッドな感じ」がすごくリアルに伝わってくる。

優れたデータマンは、アンカーマンがどうにでも料理できるように、あらゆる雑多なデータから印象から偏見から偏愛まで、すべて放り込んでくれている人で、そういう原稿が現場に行けなかったものにとっては、とてもありがたいのである。

いまは流行らなくなったが、一時「独断と偏見」というフレーズをよく見かけたことがあった。「独断と偏見になりますが」という断りを入れて、私見を述べるというものだ。文章だけではなく、テレビのトーク番組でもタレントさんがよく使っていた。いまでも年配のタレントさんが使ってるのを見ることがある。

自分の好き嫌いを言うときの、事前の弁解によく使われていた。日本人好みのする表現だということだろう。

ただ、文章では、この単語を絶対に使うな、と人に教える機会があるときは、私はそう言ってます。

文章は、ふつう独断と偏見によって書かれるものなのだ。独断も偏見もない文章は残念ながら読むに堪えない。

もし「独断と偏見によれば」と書いてある文章があれば、それはアマチュアが書いた文章だとおもっていい。プロであるかぎりは、独断と偏見で書いているのは承知のうえだし、それはただの弁解にすぎないことをわきまえているからである。いつも弁解されながら書かれてる文章を読むのは、けっこうつらい。読者の立場からすれば、独断と偏見になりますが、というフレーズなんか、まったく必要ないのである。

†冷静と情熱のあいだ

自由作文を書くときの題材は、あなた個人がすごく興味を持っていることにかぎる。対象に愛を抱いてるもの、ですね。

あくまでプライベートから発する。

日ごろからすごく疑問におもっていたこと、心から不満におもっていること、すごく美しいと感嘆しているもの、とてもとても嬉しかったこと、そういう、ごくごく身近で個人的な発想から、文章は始まる。雑誌の企画も同じだ。そういう、日ごろの自分の引っ掛かりが、企画のスタートになる。

対象となるもの、もしくはその現象、事象に対して、熱意を持ってるところから発するのがいい。

人に話して楽しいこと、自分が好きなもの、そこから始めるのがよろしい。

そのときに発する熱が一種異様さを帯びると、その対象に興味がない人も惹きつける。それは、その、話してる内容や対象物ではなく、話してる当の本人の熱情が異様でおもしろく、その熱を感じたくて、人が寄ってくるのだ。

だからプラス方向の熱情じゃないと、人は寄ってこない。物見高い無責任な野次馬がやってくるのは「おもしろそうで、異様な熱」だけである。巻き込まれると落ち込みそうなマイナスの熱には人は寄ってきません。つまり、書いても読んでくれない。

ただ、内側から出てくるプライベートの熱だけでは文章にならない。少なくとも、多くの人に読んでもらえる文章にまで高めていくのが難しい。

そこで、〝公〟と〝私〟のバランスが大事になってくる。

〝私〟はプライベート。内側に籠もっている熱であり、外へ出すときは愛情である。

いっぽうの〝公〟はパブリック。これは外にあるもの。個人が決めるものではなく「社会の目」である。こちらで大事なのは冷静さ、となる。

私＝プライベート＝内側＝熱＝愛情＝色でいうならオレンジ。

公＝パブリック＝外側＝冷静さ＝頭脳＝色でいうならブルー。

このふたつのバランスなのだ。


真夜中のラブレターというものがある。

夜中にラブレターを書くと、どんどんどんどん、熱が入って、異様な盛り上がりを見せて、おかしなことを書いてしまう。ちょっと狂気じみる部分もある。

このラブレターを夜中に書き上げて、そのまま闇に紛れて郵便ポストに投函しに行ってはいけない。真夜中に書いたラブレターは、いったんそのままにして、（机の上に広げっぱなしはよくないとおもうけど）翌朝になって読み返すのだ。太陽の光の下で真夜中の心の叫びを読み直してみる。いい部分と、おかしな暴走部分が見えてくるはずである。

できれば、その底に流れている熱情だけをうまく汲み取って、日の光の下で、もう一度書き直して、昼に投函したほうがよろしい。たぶんまあ、出す気にならないことのほうが多い気がするけど、それもまた昼が下した正しい判断だ。

文章を書くのも同じ。

まず、熱を持って、プライベートな心持ちから発して、どんどん内側のものを出して書くとこから始まる。でも、いったん書き終わったあとに、冷静になった自分によってチェックを入れ、わかりやすいように直して、仕上げていったほうがいいのだ。

文章にかぎらず文化的なクリエイティブの才能というものがあるとすると、それはこの「熱と冷静さ」を一人できちんと持ってるかどうかだとおもう。

極端に言えば、ふたつの別の人格を持っていて、それをうまくコントロールできる人だけを才能ある人と呼んでいるのだ。

†「異論があるか。あればことごとく却下だ」

文章を書くときに、大事なのは内から発する熱のほうだ。

あらゆるクリエイティブな仕事がそうだろう。

外側から冷静に見る目は、あとからでも養成できるし、他人に受け持ってもらうことも可能である。編集者にその冷静な目を任せてしまって、どんどん直してもらう、ということをやってる人もいる。漫画家には編集者頼りになってる人がときどきいる。編集者が変わると、とたんにつまらなくなる漫画というのが世の中には一定数、存在するのだ。

でも、内側から発する熱は、どんどん突き進むと狂気と一体になりそうな種類のもので、そういう意味では少し危険である。また、個人のものでしかない。人によって、その熱はまったく違う。どこまでも身体から発せられているからだ。

頭で考えたものは、似たようなものになってしまうんだけど、よくわからない熱情は個人個人によって違う。だから、身体性をきちんと宿して文章に反映させれば、内容と関係なく、その個人らしさが出てくるものである。これはあとから育てることはできない。だから、熱のほうが大事。つまり、これ書きたい、これについて話したい、というよくわからない欲望が一番大事だってことです。

さて、ライター講座での課題。

生徒たちに「雑誌の1ページの企画を考えてきなさい」と課題を出す。

ま、いわば大人の自由作文。あまりに自由度が広いと困るだろうから「何かを数えたり調べたりして、1ページの記事になるような企画を考えてください」と提示する。

ここで、提出物は二分される。

「自分の興味のあることから発想する」か「公的な立場でものを考える」である。自分の興味あることから発想してるものは、大変バラエティに富む。おもしろいものから、くだらないもの、意味不明のものまでいろいろである。

ただパブリックな立ち位置から発想しているものは、だいたい似ている。なぜか「幸福な家庭というものはみな一様に幸福である」というトルストイの一文をおもいださせる出来上がりになっている。つまり、退屈である。

たとえばこういうもの。(実際にあった回答をアレンジしたものです)。

● 毎日無駄になっている日本の食糧の総量を調べて、それが1年でどれぐらいの量になるか計算して、それを世界の人口で割ると、どれぐらいの人の餓死が救えるかを計算して、発表する。

● 派遣社員の立場が弱いけれど、彼女たちの生活と正社員の生活の差をあきらかにして、正社員の意識を変えるよう呼びかける。

● 人類が毎日消費しているカロリーにはかなり無駄が多いとおもうので、その無駄なカロリーの1%でいいから、そのカロリーにより発電できる機械を作れば人類のためになるとおもうから、無駄な消費カロリーを計算してみたらどうだろうか。

●働きたくても働けない人たちのために、なぜ仕事がないのかを聞いてみる。政府の対策への助言になればいい。
●マイ箸、マイタンブラー持ち込みを奨励している店をチェックする。できればいろんな店が対応するようにしてほしい。
●年々、東京の降雪量が減ってるとおもうが、それは地球温暖化によるものだとおもわれるので、その相関を調べる。

書き写してるだけで眠ってしまいそうだ。

みんな、すごく真面目である。

真面目はいけないのか、と問われるならば、「立案に、真面目は向かない」と答えるしかない。

立案のときは、いまそこにある世界を、少し違った角度で見なければいけない。そのためには、ふざけるのがいい。茶化すのがやりやすい。立案のとき、頭と口でふざけにふざけることを試み、いざその案を実行する段になって、真面目な姿勢で着々と調査にのぞむ、というのが正しい。真面目の出しどころを間違えてはいけない。

公的な立場からものを考えるのは、悪いことではないだろう、とおもう人もいるだろう。

そう。「考える」のはいい。訓練にもなる。考えないよりは、考えたほうがいい。

ただ、それを発表するのは、やはり違っている。

「食糧問題」「地球温暖化」「景気対策」「非正規雇用問題」

もちろん、あなたがその問題の専門家なら、どんどん発言したほうがいい。その問題について考えた時間が一万時間を越えているなら（だいたい毎日考え続けて五年を越えているってことだ。）、あらゆる意見も考察し、独自な視点から調査や研究を進めているだろうから、それはお話されたほうがよろしい。それはもうあなたの血となり肉となり、あなた「個人」の問題となっているからだ。公的な立場から話すわけではない。公的な話題であるが、私的に、自分の話の延長で語れる。

話題が公私を分けるわけではない。

その話題をどれだけ自分の血肉と化してるかで、公私が分かれるんですな。

雑誌でも何でも、パブリックな場所で自分の意見を文章で発表するのは怖じ気づく。自分個人の意見なんか言ってもいいのだろうか、という当然の疑問が出てきて、押し切れない。そこが壁である。

「諸君、異論があるか。

あればことごとく却下だ」

これは私の好きなとある小説の一節なのだけれど、文章を書くときはこういう心持ちがいい。おそらく異論はどこかから出てくるに違いない。でも、それを越えて私は発言する。美しい宣言である。

こういう心持ちでないと文章は書けない。

公的な立場から話すと、こんな宣言は必要ない。すっと話せる。何の迷いもなく立場を明確にできる。楽である。そう、公的な話題を選ぶというのは、ラクしてるのよ、あなた。社会正義は、とにかく人をげんなりさせる。社会正義を語るのは〝逃げ〟である。逃げちゃだめだ。

みんな、文章を書くことによって、もっと、傷つくしかない。

つまり「社会で悪いとされてるところを無難につっこむ」のではなく「世間ではどう言ってるのか知らないけれど、私は変だとおもう、(おもしろいとおもう)」というものを何とか見つけ出して、提出し続けるしかない。最初からそれがうまくいくわけがない。自分のオリジナル視点を否定されて、傷つくしかない。失敗するしかない。鼻で笑われ、相手にされず、評価もしてもらえないような企画を抱え、それでも自分のほうが正しいとおもえるものを胸の奥深くに抱え込み、受けるとおもったのに受けなかった企画について素直に自分の失敗を認めて、それで進むしかない。

繰り返しておきます。

「人は他人の意見なんか聞きたくない。聞きたいのは他人のお話だけである」

自由作文で、何をテーマに選ぶか、の話である。

公的な正義はテーマにはならない。

だから、個人的なことから考えよう、ということになる。

自分の個人的な疑問から発するのがのぞましい。

ただ、そのとき、あまりに客観的視点が抜け落ちると、それも文章として成り立たない。

たとえば、自分の家だけのことだとおもっていたら、世間でもふつうのことだと知った驚きを、そのまま文章にしても、共感を呼ばない。

「うちのお父さんは歯磨きするとき、水道水を流しっぱなしにするので、私が七歳のときに注意したら、それから止めるようになりました。これ、ちょっと、すごいことですよね」

うーん。七歳世界ではすごいことだけど。結婚式の披露宴だと気持ちよく聞いてあげられるんだけど。それを堂々と文章で発表されても、困る。（そのまま父の不思議なエピソードへ入っていくなら導入としてはありかもしれないけれど）。

自分にとっては大発見でも、世間さまから見ればあたりまえのことは、だから発表するほどのことではない。

身体性が感じられる個人的な部分から発想をする。ただ、同時に、その発想が「ひとりよがり」になってないか、自分でチェックしないといけない。発想は「私の熱」、それをちゃんと企画として通すのは「客観的な冷静さ」である。つまりは「個人の中で培った公的な視点」ということですね。

〝公〟と〝私〟のバランスである。

文章を書くときには、何とか、他人がおもしろがってくれる話を提供しないといけない。何としてもおもしろい話だ。だから「おもしろい話」として宙を漂ってる話を拾ってくるのでは弱い。それは人のおもしろい話だからだ。人が聞きたいのは体験なのだ。その人個人からしか聞けない何かだ。

自分の観察やら発見によって、おもしろいとおもわせるものを提出するしかない。

「何か調査して、その結果をもとに文章を書きなさい」

このお題を出すと、物書きの資質がわかる。おそろしいくらい如実にわかる。ライター志望の子たちにこのお題を出し続けた結果わかったことは、このお題をきちんとクリアできるのは、全体の1割にも満たないくらいだ、ということだ。

意外にもこういうところに壁があるのだ。

9割の子はどうしたか。

「結果を予想せずに、やみくもに調査をした」のである。

調査しているうちに、何か新しい発見があるかもしれない、という態度でものを調べたということだ。

残念ながら、そういうものは使いものにならない。はっきり言うなら、箸にも棒にもかからない。おそらく教育のたまものなのだろう。困ったものである。つまり、学校の授業では、たとえば夏休みの宿題では、いきなり調査さえしておけば、結果がどうであれ、及第点はもらえる。調査をした、という態度だけを褒めてもらえる。みんな、そこから一歩も前に出ていないのだ。9割もの人が。そういう姿勢は、ライターとか雑誌の世界とかと関係なく実社会ではまったく使いものにならないとおもうのだけれど、みんな、平然とそういう企画を提出してくる。ときどきこっちがおかしいのか、とおもうくらいである。

雑誌の記事で、結果を予想せずに調査されてはたまらない。すべての調査は、調査する前に結果がわかっていないといけない。少なくとも結果を予想してないといけない。

もう少し丁寧に言うなら、「仮説を立てて、それを証明するために調査をする」のである。大事なのは「仮説」だ。「調査したという実績」ではない。

先に仮説を立てて、それから調査をしようという態度の人が、それがじつに全体の1割しかいないのだ。(ときに2割近くまで増える回もあるが、でもそれが限度だ)。

提出物の山を見るたびに、いつも、もう少しがんばってくれよ、と嘆息するばかりである。

これは「雑誌の調査企画」のときだけに有効な態度ではない。

すべての「調べもの」をするときに、とても大事なポイントである。

それは大学の課題のレポートを書くときでも、数年にわたる研究ののちに博士論文を書くときでも、商品開発のために消費者アンケートをおこなってその動向を報告するときでも、郷土の偉人について調べて書いて自費出版しようとしてるときでも、すべて同じである。

繰り返します。

まず何よりも先に仮説を立てる。そのあと調査。仮説とは〝予想される結論〟です。

だから、まず結論を考える。その結論を証明するために調査をする。

「調査をして、それを集計すれば、新しい何かが見つかるだろう」という考えを、とにかく即座に捨ててください。いますぐに、です。いま、その考えを頭の中から出して、丸めて、左手に持って、すぐにゴミ箱の中に放り込んで、二度とおもいださないでもらいたい。

これはとてもとても大事なことです。

調べると、何とかなるんじゃないか。

言っておきます。ぜったいに何ともなりません。20年以上、いろんなものを調べて原稿を書いてる私が保証します。仮説なき調査は、恐ろしい無駄です。できれば「結果を予想せずに調査をしたら死ぬ」と覚えておいてください。死にゃしませんけどね。それぐらい強めに言っておかないと効かない気がするんで。

結果を予想せずに、いきなり調査に突入する、というのは、なぜか真面目なタイプに多いようにおもう。予想して調査するかぎりは、何か発見がないといけない。新しい発見のためには飛躍が必要で、つまりは「現状が何かおかしい」とおもってないと発見はできない。真面目なタイプの子は、あまり現状をおかしいとおもったり、飛躍をしようとしない。(なぜかそれがライター講座の生徒に多いのだ)。まず、こつこつと真面目に始める。仮説を立てずに、とりあえず調査を始めようとする。残念ながら使いものにならないものが提出される。そういう構図になっている。

真面目な使えない調査とは、どういう調査か。

たとえば。

「結婚しやすい年齢とは何歳なのか、これを周りの既婚者に結婚した年齢を聞くことによって明らかにする」

こういうテーマである。

そんなに悪くないような気がするでしょう。だから、発案者もいいとおもったのだろう。

まず、疑問がある。

「人は何歳で結婚する人が多いのだろう」

それを調べる。

「まわりの人に聞いてみよう」

ここで周りの人に実際に聞いてまわる。

集計する。

「28歳と32歳がちょっと多かったがばらばらだった」

そこから結論を考える。

「結婚しやすい年齢とは何歳か。結果は、なんか、ばらばらでした」

……。

おいっ、とツッコミを入れたくなる。

そうですよね。何かおもしろい話が聞けるのかとついていったら、つまり「人は何歳で結婚するものなのか」という話が聞けそうなので付いていったら、「べつに何歳ということはなくて、いろんな年齢で結婚するみたいです」という結論が提示されたのだ。

いったい何それは、という気分になる。金を払っていたら、金返せ、と言いたくなる展開である。

自分が読み手として読めば変なところはすぐわかる。でも、企画を出してる本人はそこに気づいていない。もしくは気づいていても、まあ、調べたから、それで何とか企画にしてもらえるんではないか、という漠然とした期待を抱いて提出している。

ダメなものはダメです。企画にも何にもなっていない。

なぜか、みんな読者だったら完全に無視するだろうに、自分が出す企画だとひょっとしたら、と考えてしまう。作り手の立場になったとたん、読み手の気分を忘れてしまう。

そこです。

「自分が読み手だったら絶対に許さない緩い企画を、自分が書き手（発案者）側に立つとつい提案してしまう」。つまり「まったく読者の立場に立って企画を考えていない」ということだ。簡単なようでいて、越えられない壁。「読んでいる人の立場になってるつもりが、まったくなれていない」がここに聳《そび》え立っております。

こういう企画を見てると、「文章を書く技術さえあれば、何とかプロの一角にもぐりこめるんじゃないだろうか」とおもってる人が多いんだろうな、という気がする。

大きな間違いだ。

プロの一角に食い込めるのは「文章を書くことがほんとにサービスだとおもっている

人」だけである。言い方を変えれば「本気で読者の立場に立って自分の企画を見直せる人、ダメ出しできる人」である。「人を変えられる可能性をいつも信じて自分の仕事をしてる人」でもいいですね。

文章を書く技術なんざ、あとからでもどうにでもなる。

つまり、あなたは、いま持ってる文章技術で、そのままプロになっていいのだ。

意識さえきちんと持てば。それだけだ。

†身体が違うと言っている

そもそも、新しいおもいつきは、啓示としてしか顕現しない。そんな難しい言い方しなくてもいいですね。

「おもしろい企画は、突然、結論だけがおもいうかぶ」ということだ。

言うなれば「直観」である。

直観。

直〝感〟じゃないですよ。直〝観〟。

そういえば、あるドイツ人の言葉にこういうのがありました。

「直観は過《あやま》たない。誤るのは判断である」

そのとおりだとおもう。

たとえば漆塗りの一筋三十年の職人。

彼が、あるとき、漆の具合が妙なのに気づく。何だかわからない。見た目は何もおかしくない。触っていても、いつもと変わらない。もとの配合も作業手順も、あらゆること、まったくいつもどおりで、何ひとつ違っていない。

でも、何かが違う。言葉では説明できない。

弟子も、納入業者も、おかしくないと言っている。いつもと同じものですよ先生、と言ってくれている。でも違う。違っている。身体が違うと言っている。あきらかに何かがおかしい。

これが直観です。

もっともわかりやすい例。

職人さんは、自分の技術を言語化していない。それで、よしとされている。言葉にはされないが経験値がおそろしく高いので尊敬され、その人の直観は尊ばれる。その道三十年の職人の直観は、あらゆるものに優先される。つまり、若い人の直観は使いものにならない、ということでもある。だから、直観によって判断せよ、ということは教育では教えられない。直観に頼らなくても、世の中は何とか生きてはいけるだろう。でも、真剣に生きていくなら、直観は大事である。人生におけるもっとも大切な感覚のひとつである。

新しい発想は、直観から生まれる。

いきなり、あ、これじゃないかな、という結論を先におもいつくのが、新発想である。地道にこつこつと疑問を調べたところで、発見にはたどりつかない。

では、どうすれば、その奇抜な発想をどうして得られるのか。

これは一般化されえない。いままでされておらず、これからもされないとおもう。

ただ、観察し続け、考え続けるしかない。

必死であきらめないで、そのテーマにかじりついていく、それしかない。それは努力ではないかとおもうかもしれないが、ちょっと違う。どちらかというと執着である。努力には、ひとつずつ物事が進んでいくイメージがあるが、発想のための執着は一か八かでしかない。ずっと発想できないゼロの状態に居続けて、いきなり100の状態になれるかどうか、である。つまり、賭博と同じだ。

発想は、まず飛躍する。

それを現実に着地させるために、地道な積み重ねの努力をする。

頭は軽く、体は着実に。

それが文章を書くときの基本方向である。


発想は、頭の中だけで行うものではない、ということだ。

ここがおそらく、大きく誤解されているとおもう。

発想は頭の中だけで考えるものだという誤解。そんなわけはない。

理屈で組み立て、わかりやすく理論展開させ、納得できる結論を導く、というのが「頭の中の作業」だけれど、そんなことで「人を喜ばせる目新しい企画」が生まれてくるわけがない。

頭の中での発想は、自分なりに理路整然としていて、考えてる当人にとってはとても気持ちいい。でもその気持ちよさは「先人が開拓してくれた道」を苦労せずに歩んでいる心地よさである。

それはふつう、「手垢にまみれた発想」と呼ばれる。

理路整然とわかりやすい段階を踏んで、新しい発想が出てくるわきゃない。

発想は、頭の中で段階を踏んで考えているだけでは生まれてこない。もちろん頭は使いますけど、それだけでは発想できない。飛躍がないとだめだ。

飛躍は、だから、頭の中の作業だけではできないのだ。

着想するのは、「身体的なもの」である。

発想は頭じゃない。身体。頭の中も身体と捉えたときの、身体性にある。

踊る大捜査線ふうにいえば「会議室」では発想は出てこない。発想が出てくるのは、「いつだって現場」である。

若い人に斬新な発想が実は似合わないというのは、それは現場で起こってるからですね。現場で偉いのはやはり現場にずっといる人であって、すごい下っ端の「現場観」はやはり場数が少ないぶん、頼りない。

†先に、なんか変、とおもった

だから、アイデアを出すのは、身体に悪い。

それはそういう仕事をしてる人だと知っているだろう。アイデア出しをやってると、すごく疲れる。

たとえば、私は「おもいつくまでぜったい机の前に座っている」というのを決まりにしている。これは人それぞれだ。散歩をする人もいれば、本を読む人もいる。いろいろだ。

机の前にぜったい座っている、というのは、横にならない、という意味である。ちょっと考えただけで、おっそろしく疲れるから、すぐ横になりたいとおもうし、横になると何だかおもいつきそうな気がして、毎回、そういう誘惑に駆られるのだ。でも、横になったら、だいたい眠りに就きますね。もう、永遠の眠りに就いてしまったように眠ります。

だから、煮詰まったときは、私は湯に入る。風呂っていうより、湯。これは真夏でも同じです。さすがに気温38℃の日には36℃くらいの湯に入るけれど、でも湯、です。着想を得るには、頭は活発に活動していて、でも身体が軽く拘束されているという状態がいいと言われていて、私の湯もそのひとつですね。「身体が軽く拘束されているのがいい」というところが、「発想はきわめて身体的な活動である」ということとつながっているとおもう。

世紀の発見は、つねに、いきなりおもいつくもの、でしかない。

人に読んでもらえる雑誌の企画も同じだ。

雑誌の「調査企画」を考えよ、ということで題材は自由だから、何かおもしろい仮説を立ててそれを証明しようとすればいいのに、それをやらない。「無駄でいいから調査すればいいんだろう」という態度ばかりが目立つ。

具体的な例はこういう企画である。これの例ばかりは、いっぱいある。

●敗れ去った戦国武将の子孫たちの現在を調べる（↓どこかにいるはずだから調べて欲しい）

●宝くじ一等を当てて悠々と暮らせる確率を出す（↓おそらく真面目に働いたほうが効率がいいとおもわれる）

●疲れたサラリーマンがより多い東京の路線はどこだ（↓満員な電車であるほど多い。つまりお父さんはみな疲れているのだ）

●美容院での快適な過ごし方を調べる（↓雑誌を読む、もしくは店員さんとの会話を楽しむ、どちらかがよいだろう）

疑問のほうだけ見ると、一瞬、おもしろそうに見えなくもないけど、でも回答はまったく何も考えてない。調べた結果、何も新しい発見ができませんでした、となるのは見えている。実際に、そういう予想を立てている企画もある。「世の中にはいろんな人がいますね」というのが結論だったりする。何の意味もない。とても人が喜んで読んでくれるものではない。金は取れない。企画書を読んでるだけで、時間を無駄にした気分になってくる。

金を取れるのは、だから「人を変える可能性のあるもの」だけである。

ケプラーは、まず先になんか変、とおもったのである。惑星の軌道は正円だと言われるけど、いや、なんか変だ。火星の軌道は円には見えない。あれは楕円じゃないか。

先におもいついたのである。ケプラーに直接聞いたわけじゃないけど、でも、きっとそうに違いない。そうじゃない発見方法だったとしたら、かなりねじれた人である。

メンデルは、エンドウマメの高い木の豆からは高い木しか生まれないな、と先に気づいてるのである。見込みもなく何世代もエンドウを植えて育てて、それによって突然、ああ、と発見したわけではない。

何となく感じた「仮説」を立てて、それをあとから地道に証明していくのである。仮説はいきなりおもいつく。証明は地道にやっていく。

まず「なんか変」とおもうところから始まる。

そんな話は、ふつうの大人だったら、だいたい知ってるはずである。仮説を立てずに調査を始めるというのは、設計図をもらわないで、家を建てるようなものである。完成状態をおもいうかべずに料理を作り始めるようなものである。失敗した料理はだいたいそうやって作られる。いまもそこかしこで作られてるとおもう。

到達点を見据えてから、調査に入る。

人の話を聞いていると、すごく納得できる。

でも、自分で企画を立てる段階になると、それを忘れるのだ。

「マツモトキヨシの品揃えは店によって違う。だから東京23区のマツモトキヨシを一区一店ずつ調べて、どの区にはどんな品が多いかをランキングする。例：渋谷は若い女子高生好きのものが多い、巣鴨がある豊島区は年寄り向きのものが大半だと予想する」

「サラリーマンのネクタイの色の傾向を調べる：大手町のサラリーマンと青山のサラリーマンと新宿のサラリーマンではネクタイの流行色が違うのがわかる」

サラリーマンのネクタイの色が、場所によって違うな、とおもったのは発想の始まりとしてありだけれど、でも実際に色の違いを調べたとして、その話はどこへ行くのか、そこんところを粘って考えていない。大手町のサラリーマンはフォーマル、青山はおしゃれ、新宿は色が明るい、という結論が出たとして、それはサラリーマンの話ではなくなっていて「土地にはイメージどおりの人がいるものだ」という話でしかない。

それはマツモトキヨシの調査でも同じだ。巣鴨の品揃えが年寄り向きで、渋谷の品揃えが女子高生向きだったとして、それはつまり「巣鴨には年寄りが多く、渋谷には女子高生が多い」という結論が導かれるだけだ。その結論に何の意味があるのか。ありませんね。「そんなことは知っている」と言われて終わりだ。そんなこと言ってもくれないだろう。「調べに調べた結果」が「巣鴨は老人、渋谷は女子高生」だったら、誰も一瞬も気にとめてくれない。1ミリたりとも人を変えられない。つまり、調査に意味がない。

†「何か変だな」ストック

調べたいことを調べてみたい、でも、結果はどうなるかわからないという発想は、はっきり言えば悪魔の囁きに耳を貸しているのと同じだ。それを繰り返してるうちに、何か新しい発見があるかもとおもってるくらいなら、考えるのを休んで温泉につかって温泉玉子を食っていたほうがましです。まだ英気が養われる。悪魔の囁きからは何も生まれない。

まず結果から。結論から。

何か変だな、いままで言われていたこと、世間で常識だとおもわれてることはちょっと間違ってるんじゃないか、そういう発想からしか使える企画は出ない。

「何か変だな」を一週間で何回持てるか、である。日常生活で。

それをいくつストックしてるか、がすべてである。

日ごろ、そういうことを考えていないのに、いきなり宿題として企画を考えるから、無理がくる。ある種の無駄な発想を、日常からどれぐらい楽しんでるかの勝負になってくる。

雑誌の企画だけの話ではないよ。

自由作文を書くときにおもしろいものになるかどうかは、この最初の発想にすべてかかってるんだから。つまり文章を書くためのお話です。

地面から離れたところからの発想が大事。

発想は結論から。

ただ知りたいことを企画だとおもわないように。

もうひとつ「結論から考えてない調査企画」つまり使えない企画の特徴として、調査方法が無茶な場合が多い。

「23区それぞれで一軒ずつ調べます」とか「47都道府県で一つずつ、47カ所で調べる」というようなものが代表的な例。かつて「東京と大阪、あとはニューヨーク、パリ、ロンドン、北京などの大都市の街頭で調べる」というすごいのもあった。

これを私は「世界征服系」と呼んでいる。

世界を征服したい、という欲求ですね。1930年代のアーリア民族じゃないんだから、いまどきあまり流行らない。

47都道府県ですべて調べる、とか、23区全部で調べるとか、そうすると調査としては文句をつけられないだろうから、そうしましょうという提案であって、これが何を意味するかというと「企画が弱いんで、調査量で脅かして、それで納得させましょう」と告白しているだけだ。逆に言えば、世界をすべて示して、ここまでを全世界とするので、そこを徹底的に調べる、コンプリートします、という宣言でしかない。世界征服宣言。でもただの宣言であって、おそらく実行されることはない。

自分が弱いということを自覚してるからこそ、人を脅すという、すごくわかりやすい例です。ま、症例として眺めているぶんにはおもしろいんだけれど、大人が人に示すような態度ではないですね。いい大人が、企画提出のおりに、まじめな顔をして、「で、この世界は征服しますんで、私が征服に動きますんで」と言われても困る。それは不可能だから、というところから説得しないといけないのがつらい。

結論を先に出していないから、調査に重点を置こうとする。

目的が明確ではないから、あらゆる可能性をしらみつぶしにしようとする。

科学的な方法を装いながら、科学ともっともほど遠い態度である。

こういうタイプの人が集団を率いると、いろんな悲劇と喜劇を巻き起こす。あまり所属したくない集団だ。

まず、目標を立てること。最初に発想があること。

発想は努力ではたどりつけない。でも粘らないと新しい発想は生まれない。

ひらめきは、どうしても偶然性に支配される。でも、常にひらめこうとしてる人にしか訪れない、ということである。みんな、努力するポイントが少しずれていることが多い。

5章 文章は言い切らないといけない

文章を書く心構えのうち、少し具体的なことに触れる。

文章を書くときには「強く書く」ということを意識しないといけない。

「諸君、異論はあるか。あればことごとく却下だ。」

これは森見登美彦の小説の主人公が叫ぶセリフであるのだが（前にも触れました）文章書きが常に心に携帯しておきたいセリフである。

何かしら新しいことを書くとき、そこには畏れがあるはずだ。

かつて誰も言ったことがないことだし、ということは自分でもそういう意見や文章は見たことがないもの、それをいまから書こうとしている。

怖くないわけがない。

でも、そこを押し切って出ていくのが、文章を書く、ということなのだ。

新しいことを書くときに、これはほんとうに書いてしまっていいのだろうか、という恐れを抱くのがふつうである。それに、同時に「これはもう誰かが書いたことなのではないか」という不安も抱く。自分なりに調べ、同じ発言は過去になかった確認はしているのだが、しかしすべての書物に当たったわけではない。見落としている可能性がある。

そしてまた、あまりに当たり前すぎて、誰もわざわざ口にしてないだけではないか、わざわざ私が書く必要はないんではないか。

何かを書くとき、常にこういう不安に駆られる。

不安になるのがふつうである。

もし、不安を抱かなかったとしたら、それはおそらく「誰か他の人が言ったことや、すでに世間では認められている意見」を重ねて言おうとしてるだけなのだ。もしくは自分しか見えてないという状況かもしれない。ひたすら自分の言いたいことだけを言おうと突進している状態で、どちらにしろ、あまり文章を書く意味がない。少なくとも人に楽しんでもらえるものを書ける状態ではないのだ。

†書くかぎりは断定せよ

だから新しいものを書くと決めたのなら、常に「これ、書いていいのか」と煩悶《はんもん》しつづけてなくてはいけない。それは小学校の作文の時間から始まり、プロになっても同じである。

常にどこかから「それは違う」という異論が出そうだとおもっている。それは今まで書かれたものがないもの、おもしろさの可能性を持つものだからである。

まず最初に自分の中にある「社会的部分＝世の中の今までのものを読んできて判断する真面目なエリア」から、聞いたことないぜ、これ、反論受けるぜ、というチェックが入るのである。先に書いた「熱を持って書いて、冷静さを持って見直す」という作業機能がきちんと動いてるということだ。

書いているものに不安を抱かないのなら、おそらくその文章は、つまらないものである。

自分のチェックが入ると、ちょっと弱気になる。

「森永チョコボールの金のエンゼルは１０００個買ったら１つ出る」

自分で書いた文章を見て、それは言い切れないんじゃないか、とおもってしまう。できれば言い切りたくなくなってくる。

「森永のチョコボールの金のエンゼルは１０００個買ったら１つ出る、くらいだったりするが、それもちょっと断定できないかもしれない」

そう正直に書きたくなってくる。

まだ１８００個買って金のエンゼルが２個出ただけなのだ。

でもそこで「１０００箱に１つくらいの割合の気がするが、でも、確信が持てない」と書いてしまっては意味がないのだ。

この場合、１８００個買って２つしか出なかった、という事実は書く。根拠は示す。でもそこから「１０００個買って１つの割合だ」と断定して書くのである。断定しないと文書を書く意味がない。

自分に正直に「１８００個で２つ出てきたけれど、このあといくつも続けて出てくるかもしれないから、９００個に１つくらいだと今は言えるが厳密なことはわからない」と書いてしまっては、文章として意味がない。

正直に書くのがいい、という大義名分を言い訳にして、ただ〝断定する責任から逃れつつも、でも発言する権利は手放したくない〟というややこしいものが出されるばかりである。早い話が見苦しいのだ。自分の出してる情報を、自分で否定してどうする。

強く書け、というのはここを指す。

書くかぎりは、断定する。もちろん根拠を示して断定する。

言い切らないといけない。そこが人にきちんと届く文章を書くポイントなのだ。

「断定するのは読む人のため、断定しないのは自己弁護のため」だからだ。

読む人のために書くのか、自己弁護しながらの自己開示のために書くのか。

いつもの問題である。

言い切れないいなら、書くな。

これは、私が自分に課しているポイントである。

たぶんに自分の趣味が入っている。だから、すべての人に有効な方法だと言い切る自信はない。でも、私はそれでやっている。

言い切れないいなら書くな、というのは、だったら言い切れるまで調べ直してこい、ということになる。

†冒頭の一人称、文末の「思う」は不要

だから、文章末に「思う」という言葉は極力つけないほうがいい。

でないと、すべての文章末に「思う」とつけたくなるからである。

「文章は強く書いたほうがいいと、わたしは思う。みなさんも文章末に、思うという言葉をなるべくつけないほうがいいんじゃないかと思う。そうしないと、放っておくと、すべての文章末に、思う、と付け足したくなると思う」

何も考えずに丁寧に書くと、こういう不思議な文章を書いてしまう。

だって、すべて「私がおもっていること」だからである。

すべての文章に「私は「〇〇〇」だとおもう」とつけることが可能なのだ。だから書かない。文章を書くということは、そういうことなのだ。書き慣れてないと、つい付けてしまう。見直したときに減らすけれど、でも、残しがちである。

だから校正のとき（つまり、文章の見直しのとき）、「一人称と、文末の〝思う〟」は取れる限り取ったほうがいい。もちろん、いくつかは残すのであるが、それは「本来は不要であるが、調子を整えるために敢えて残すものであって、本来は不要である」ということは変わらない。

文末に「思う」とあったら、すべてチェックして、可能なかぎり、取り除く。

いま書いたから、ついでに一人称についても書いておく。

日本語の文章は、一人称をすべて取り除くことが可能である。そして、それができたほうが、読みやすい。

これは常にわれわれが状況に乗っかって喋ったり文章を書いたりする傾向があるということである。

「欧米の文章ではそういうふうには書かない。だから日本は自己表現が下手なのだ」という批判をする人があるが（開国以来のひとつの定型です）、そんな指摘をしても意味がない。されてもどうしようもない。そこを変えたいのなら、この東アジアの海上の島に住むわれわれの生活のシステムそのものを変えるしかない。文章表現や、自己表現方法というのは目につくから指摘しやすいのであるが、指摘したところで、そのおおもとになっている「社会の暗黙の了解」までは変えるわけにはいかない。

わかりやすく言うならば、日本語で文章を書くかぎり「私は……と思う」という文章スタイルはあまり受け入れてもらえない、ということである。

一人称は、特に文章の冒頭に持ってくるべきではない。

冒頭の一文の最初の一言が「私は」もしくは「僕は」であることは、できる限り避ける。「私は」から始まった文章は、その私のことをよく知ってくれている人が読んでくれるのなら大丈夫だろうけれど、公開される性質の文章であるかぎり、私のことを知らない人が読むほうが多いわけで、そのとき「私が」で始めると、「私って言い出してるけど、誰？」とおもわれてしまう。ちょっとした疑念がはさまるだけで、人はもう読んでくれなくなる可能性が高まる。

だから、雑誌のコラムや、小説の冒頭でもいい、いい文章の最初の一文はまず一人称から入らない。一人称から入るのなら「吾輩は猫である」くらいインパクトのある文章から入るしかない。え、猫がしゃべってるのか、とそっちに気がいってしまう。

もちろん一人称は、冒頭だけではなく、どの一人称も取ることができる。

取ってしまうとわからなくなる文章があるのなら、それは人が複数出てきているのに（複数の人の意見が並べてあるのに）それを一つの文章で書こうとしているからである。その場合、一人称を残すのではなく、文章を短くする方向で直したほうがいい。もちろん、一人称を敢えて残す、というのも文章の調子のうえで、必要なことではある。ただ、古来、わが邦《くに》では一人称はなくても文章は書けるし、一人称が少ないほうがいい文章だとされてきた伝統があるのだ。伝統は軽んじないほうがいい。破る場合でも、一度、自分でやってみてから、そののちに意識的に破ったほうがいい。古く伝わるものというのは、そういうものである。

強く言い切れ、という話の途中でした。

具体的な方法としては「思う」という言葉を文末につけたくなったらとりあえずそれをやめてみる、という方法だ。とってみて不安になっても、そこはがまんする。どうしてもつけたくてしかたがないのなら、その表現の根拠となってる部分をもう一度考え直したほうがいい。

†「コロンボ」あるいは「古畑」と文章

ただ、無根拠に何でもかんでも、強気で言い切れば、それがいい文章だ、というわけではない。

わざわざ断るまでもないが、「自分の言いたいこと」があって、「それは果たして言うほどの価値のあることなのか」と判断する部分を持っているからこそ、そのチェックを通り抜けたうえで、あえて断言せよ、と言っているばかりである。

その「冷静なる自分」によるチェックをほとんどせずに、自分のおもいばかりをストレートに強く主張したところで、それは文章にはならない。残念ながら、そのレベルの文章に対しての有効なアドバイスはできない。

ときにインターネット上での言説で見かけるが、無根拠に、自分の感覚だけ、ないしはすごく曖昧な記憶をもとに、強く主張するという言葉が存在していて、そこには「公的な場所で多くの人に話しかけている」という基本姿勢が存在していない。〝私〟部分だけが強く、〝公〟感覚がまったく存在してない文章だ。こういう文章に対しては、手の施しようがない。自分の意見を言うのには、もう少し手間をかけてくれ、とアドバイスするのが限度である。

文章を書くことに悩みや疑問がある人を対象にこの新書を書いている。

「果たしてこれを書いていいのだろうか」というチェックを経たものこそ強く書かれないといけない、という話である。そのチェックがなされていないものは、自己存在だけを強く主張しているものだ。つまり人とのコミュニケーションを目的とした文章ではない。そういう文章は手直しができない。そのおおもとの心持ちを変えてもらうしかないし、それは黙って見守ってるしかない。

強く書け、と直結するもう一つのアドバイス。

まず、結論を書け。

結論から書き出せ。

それが強く書く秘訣でもある。

これはべつに文章講座だけではなく、会社員の報告でも同じだろう。いまも世界中のいろんなところで若者が説教されているはずだ。


ライター講座の生徒さんが出してくれる課題を見ていると、とにかく結論が遅い。もってまわった言い方になる。つまりもったいぶっている。

もったいぶられても困る。それは恋人同士のやりとりのときしか有効ではない。

ひょっとして、世の中の人間関係は、すべて恋人同士の感覚で押し通すのが有効だと考えてるんではないかと、おそろしくなる。それくらい、みんな、もったいぶる。

企画書で〝サプライズ〟を感じさせたいみたいだ。「え、最初、気づかなかった。びっくりだよ、もう」と言わせたいみたいである。ふっふ。ほんと、ひとこと、言わせてもらいたい。企画書にサプライズを盛り込もうとしてる人にひとこと、言わせてもらいたい。

ばか。

なんで、恋人でもない相手と〝時間を共有〟しなきゃいけないんだ。

結論が遅い企画書や報告の特徴は、時間軸に沿って書かれているところにある。

つまり、その人の体験なり考えなりが、時間通りに書かれている。それを読むことは、その発案者の〝発案にいたるまでの時間〟を共有することを強要される。なんでそこを共有しないといけないんだ。なんで、発案にいたるまでの物語を我慢して聞かなきゃいけないんだ。そういう視点が欠落している。

また同じだ。

読む人のことを考えて書いていない。ただ、自分が納得する流れで書いている。報告書を時間軸で書くな。「最後まで読むと、びっくりする結論が待ってます」というトーンで企画書を書くな。自分の時間で書くな。読む人の時間軸を想像しろ。

やはり、本気で読む人の立場に立つのは、むずかしいことなのだ。

この場合は「この結論に至ったのは、それまでの経緯があったからなんです。その経緯を聞いていただくことが、結論の理解を深めることになるとおもいます。だから、経緯を聞いてください」というおもいから、誠実だからこそ、真面目だからこそ、結論があとになるのだろう。

だ、か、ら、それが読む人のことを考えてないってことです。

まず結論。そのあと経緯の説明。それが読む人に都合のいい順序です。

『刑事コロンボ』や『古畑任三郎』は、物語の冒頭で犯人がわかる。倒叙法と呼ばれる手法だ。すべての企画書はこれでいってください。犯人がわかったからって、誰もそこで見るのをやめないでしょう。まず結論。

雑誌の場合、結論は見出しになる。タイトルです。

企画課題を提出してもらうとき、内容とともにタイトルもつけてもらっている。これが、まず9割は勘違いしている。

多いのは、タイトルが疑問形になっているもの。

「エレベーターとエスカレーターだとどっちが早いの?」

「東京で最も美人の多い鉄道路線はどこ?」

「インターネット上でしか使われない単語は何だろう?」

疑問である。

どうも、疑問を出したほうが人が食いついてくれる、と考えてる傾向があるようだ。

ちがう。

疑問は、謎を共有してる前提がないと有効ではない。話を聞いてくれるというのが前提になっている。家事をしている母親の背後に近寄っていって「ねえねえお母さん、上は大水、下は大火事って、なーんだ」といきなりなぞなぞを出してもすぐにお母さんは考えてくれる、と信じてる態度に近い。

早い話が甘えである。読者の心持ちまでは想像していない。「自分と同じ疑問を持ってくれてるだろう」という想像しかしていない。つまり、自分のことしか考えてない。読者は家族ではない。

疑問形でタイトルが付けられている企画は、だいたい、なぜその企画がいま必要なのかということを〝社会的必要性〟から説き始め、それをどのように調査し始めて、調査の経緯を説明して、最後にその結果を報告する、という形になっていることが多い。

つまり、発想→調査→結果、という順になっている。

それは、書きやすいだろう。過去の出来事は、人は時間軸に沿ったほうがおもいだしやすい。自分でも抜けがないかチェックできて安心する。

でもどちらも「書き手にとってラクで、安心する」ということでしかない。書き手の生理にのみ心地よい企画。

読み手はどうなった。

読者は、そんな「書き手の気持ちいい生理」には興味はない。

おもしろいところはどこか、を早く知りたい。この場合の読者は客というわけではなく、その企画の是非を判断する編集長とか部長というのも入っている。

「で、きみの言いたいことは、何なのかね」と報告書をちらっと見ただけの上司は、詳しく読まずに、部下に聞こうとする。部下は、書いたから読んでくればいいのに、とおもう。これは部下が間違ってます。10秒で内容がわかるように、なぜ、書かないんだと部長はおもっていて、ここにくるまで一週間かかったことを10秒で読めるように書くなんてとてもできない、と部下はおもってるばかりだ。

報告書を読む時間が惜しいとおもった部長は（つまり、恋人でもないのに時間なんか共有できないと正しい判断をした部長は）、報告書を読まず、直接部下に聞こうとする。そのほうが早いからだ。

よい文章を書くということは、上司に「で、言いたいことは何か」と聞かせない文章のことである。

結論を先に書け。それなら3秒でわかる。そのあと、簡単な説明を入れろ。7秒で読めるくらいの説明。だったら10秒で全容が把握できる。10秒で全容が把握できた企画書については、続いて読もうとする。

うーん、なんでこんな自己啓発本みたいな内容になってるんだろう。それは、ライター講座の生徒さんが提出する課題が、あまりにすごいから、ですねえ。みんながんばれ。

雑誌の企画だとわかりやすい。「タイトルに結論を入れろ」。それだけのことである。

自分が必死で考えて見つけてきたオリジナルの考えなのに、それをタイトルにしてしまってはもったいないんじゃないですか。

そう考えたとしたら、他人との接触が少なすぎる生活を送ってるんだな、とおもったほうがいい。

結論を最初に書いてない文章というのはどんな文章であってもだめである。

まず、結論。

「9階まではエスカレーターを使え」

「美人の多い鉄道路線は東武伊勢崎線」

「〝ディスる〟の意味がわからないと出世できない」

そういう結論をまず先に出す。(例です。真偽は自分で確かめてください)。

そこには意外性が秘められてないと人は食いついてこない。

そういう結論がタイトルに使われてないと、人が読んでくれる文章にはならないのだ。

疑問形では人は興味を持ってくれない。

「断定した文章」だから人は読んでくれるのである。

結論を聞いたから、もう読まなくてもいいやとは人はあまりおもわないのである。意外な結論であるかぎりは、人は、おや、とおもって読んでくれるのだ。疑問は、タイトルを読んだ読者の心の中に芽生えるものでないといけない。

つまらない企画はタイトルをつけるとすぐわかる。「人は争わずに生きなければいけません」「美しい花は心を和ませます」。そんな結論では誰も読まない。そういう内容であるにしても、もう少し工夫が必要なのだ。タイトルをつけることによって、その問題点が浮き彫りになってくる。

†時系列の誘惑

時間軸に沿って書くな、というのも、最初はなかなかむずかしい。

できれば、最初は自分の書きやすいように時間軸に沿って書いて、そのあとごっそりと移し替えればいいのである。パソコンだとそれがやりやすい。

あくまで「自分の身に起こったことなので、時間の流れのとおりに文章が続いていかないと、気持ちが悪い、どうしても時間の流れどおりに文章は残したい」と考えるのなら、文章書きになるのはあきらめたほうがいい。記録として残して、そのまま埋もれさせていくしかない。そういう人が大事なのは自分であって、読者ではない。文章をサービス業だと考えられない時点で、多くの人に文章を提供する人にはなれない。

だから、自費出版されたつまらない半生記はまず、自分の誕生から書かれている。ひどいときは、両親の誕生から、もっとさかのぼって先祖について詳しく書かれていたりする。まことにもってつまらない。内容の空疎なものであるほど、より外側を飾ろうとするという典型である。誰が知らない人間のそんな部分を知りたいものか。

もし社会的に成功した人なら、まず読みたいのはその成功する直前から成功していく劇的な部分である。

落語家の半生なら、師匠の家の前で脱糞したばかばかしい失敗話から始めてくれ。

それであなたに興味を持てば、誕生やらその祖先について少しだけなら話をきいてあげてもいい。でも、いきなり知らない人のそんな部分から話が始まってもどうしようもない。

これは半生記にかぎったものでもない。

もっとよくわかるのは「旅行記」である。紀行文。

なぜその国を訪れることになったのか、訪れる前におもっていたイメージとその準備から書かれている文章は、きわめて退屈である。

下書きでそう書いたとしても、本文では核になるところから書かないといけない。

熱狂的なファンの多い沢木耕太郎の『深夜特急』は、旅の準備のシーンから書き始められているのか。そんなわけはないですよね。そんな本が売れるわけがない。ちゃんと、ある熱狂から書き始められている。そういうものである。

時間軸に沿って書くのは、書き手の都合。

もっと読み手の都合に沿って書きなさい、ということだ。


いま一度、確認します。

文章を書くときに大事なのは「読み手の立場になって書くこと」です。

あなたが、自分の旅のことを書こうとするとき「準備から描写して、起こった順」に書いていきたいとおもってませんか。おもってますよね。だって、人間の脳は、そうするようにできているから。でも、それは「読者の都合をまったく無視した書き方」です。そこには読み手の視点がない。書き手の都合しかない。

旅の手記を、旅立ちから書かずに、おもしろい部分から書けるようになること。それが「読み手の立場に立って書くこと」なのです。

読み手の立場になって書くのがむずかしい、というのは、この旅行記の部分がわかりやすいとおもう。誰にも指摘されずに、旅の報告を、時間軸から自由に書ける人には、ある種の才能があるとおもう。それができない人は、がんばっていくしかない。

†「が、」と書きたくなったら

ところで、この章の途中で書いていた「一人称を冒頭に持ってくるな」という教えは、学生のとき、たまたま耳にしたフレーズなのだ。

アルバイト先で偶然に聞いた。

当時、漫画サンデーという漫画雑誌の編集部でアルバイトをしていたのであるが、その校了する部屋に雑用係として働いていた。原稿取りやらさまざまな雑用のために待機してるのであるが、そこには文章などをチェックするデスクがいた。そういうところのデスクは賑やかな人が多く、黙って仕事をしていない。「だめだなあ、これは」などと言って、近くにいる若者にうんちくを垂れたりする。

一人称の話もそのときに聞いた。

編集者が書く編集後記の部分、若手の編集が「僕が」から書き出してる文章を見て「だから、おまえは誰だよ、これだからダメなんだ、おい、学生さんよ、誰が書いてるのかわからない雑誌の文章を、〝僕は〟から始めちゃだめなんだけど、最近のやつはそんなことも知りやがらねえんだ」と賑やかにペンを入れていた。別に私はそこで文章を書くバイトをしていたわけではなく、青焼きを切ったり、写植を貼ったりしてるばかりで、つまりは私への何かのアドバイスであったわけではない。でも、結果としては、その後、30年以上にわたり繰り返しおもいだす教えになっているのだ。それは「一人称から文章を始めると、出張校正室でデスクがぶつぶつ文句を言うんだな」という風景から始まっている。

たまたま、偶然に知った教えであり、でもそれを30年守っているのだ。

文章に関する教えは、系統だてて学ぶものではない、とおもっている。スポーツに近いものである。最初に基本はたたき込んだほうがいいが、実践で役立つ細かいことは、その場その場で覚えていくしかない。

あの、市ケ谷の出張校正室には僕以外にも何人かのアルバイトがいたのだけれど、そのときのデスクのぼやきをずっと覚えてる人間は他にはいないだろう。自分にとって何が大事なのかは自分で判断するしかない、ということでもある。

「が」を使うな、というのは別の場所で聞いた。

「〃が、〃（がのあとに読点）と書きたくなったら、マルを打ちましょう」

聞いたのは予備校生の時だが、それも偶然だ。

きちんととっていた講義ではなかった。何だったのか、記憶が曖昧だけれど、ここで私はこの講義を聞いているべきではない、というおもいとともに覚えている。たぶん、友人のつきあいで、本来出るべきではない授業に出ていたのだろう。小論文かなんかの授業だったような気がする。私は小論文が出る大学を受験する予定はなかったので、何となく聞いていたのである。そこで、「が、」と書きたくなったらマルを打て、と教えられた。

この「書きたくなったら」というフレーズがいい。まあ、予備校というのは、そういうフレーズを売ってるようなところではあるんだけれどね。頭に残った。爾来《じらい》、三十有余年、守っている。

プロになっても守っている文章の書き方の決まりは、素人のときにたまたま聞いたフレーズなのだ。

ここから帰納するつもりはないが、でも、文章に関する細かい規則は、各個人が個々に習得していくしかないのだとおもう。プロ野球選手のヒットの打ち方であるとか、プロサッカー選手のゴールの決め方と同じで、自分でこつこつと拾っていくしかない。

あまり体系化されているものではない、ということだ。少なくとも、私には文章の世界はそう見えている。

この新書でも、書いているのは、ほとんどが書く前の準備のことである。

実際にどう書くのかは、本人が書いて学んでいくしかない。

いい文章を書くには、いい文章をどれぐらい覚えているかということが重要であり、それはどれぐらいい文章を読んだのか、にかかってくる。

もちろん、文章を書くための新書であるから、そこかしこにヒントになるとおもうことは書いている。ただ、覚えやすいように体系だてたりはしない。細かい法則やら、実戦的な決まりは、その場その場で覚えていくしかないからだ。言い方を変えれば、いつだって文章をよくするヒントは提示されているのである。どうでもいいアルバイト先や、興味のない講義でもいきなり提示されるのである。それを自分のためのメッセージだと理解できるかどうか、という問題なのである。どうも、文章の神様というのは「真面目に机に向かった学ぼうとしている姿勢のとき」には有効なことを教えてくれず、関係ないんじゃないの、とリラックスしているときにすごい真実を伝えることが多いような気がする。

この本も、真面目に読むよりも、風呂にでも漬かって、表紙をふやけさせながら、気楽に読んでもらったほうが、おそらく有効なんじゃないかとおもう。

6章　文章で自己表現はできない

文章の精度をあげようとするのなら、それは自分で使う言葉を選ぶしかない。

文章の質を上げるには、足すのではなく、削らなくてはいけない。

〝どううまく表現するか〟ではなく、〝どの言葉を使わないか〟で表現は磨かれていく。

文章を書くつもりなら、いまあなたが手持ちの言葉で書くしかない。


文章を書くとき、あらたに語彙を増やすことはない。

いまのあなたの国語力で大丈夫だ。

ここでも、素人と玄人の差が出てくる。

プロは手持ちの言葉で何とかする。

アマチュアは、何かしら賢く見えそうな言葉やフレーズや気の利いた一言を使おうとして、いろいろと集めてしまう。むかしは「名言集」なんて本を秘かに持っていたもんだけど、いまはインターネットで簡単に集められるもんね。

つまり「体裁」を先に気にするのがアマで、「読者にどう届くか」と考えて使い慣れた武器だけで現場に出て行くのがプロです。

狩猟に出かけたとき、アマチュアは〝使ったこともない最新式全自動の銃〟なんてものを持ってきて、これがいま一番すごいもんなんですよ、なんて嬉しそうに説明してるけれど、使ったことないもんだから、獲物が出てきたときにまったく使えずに襲われそうになっておたおたしてしまうが、プロは黙って使いなれた木の棒とブーメランで獲物を確実に仕留める、というような風景を想像してもらうとわかりやすい。文章世界でも似たようなことが起こる。プロはいつもの使い慣れた何でもない道具を使う。プロにとっては日常の一環だからだ。アマチュアにとっては特別なことなので特別なものを用意して、うまく使えずに失敗する。

いま、持っているもので戦え。

持っているもので戦う人の言葉だけが、きちんと人に届く。どういう状況であっても相手に届けたい言葉だからだ。無理して集めた言葉、無意味に飾った言葉には、何の力も持たない。そういう考えの人の言葉には、力がない。「見栄え」にしか興味がないからだ。

言葉を使うのは、儀礼のためではない。相手に何かを伝えるという〝仕事のため〟である。

つまり、これも同じ話でしかない。現場できちんと書いている人は、読む人の心持ちを考えている。アマチュアは、自分のことしか考えていない。


美しい文章や名文を書こうとして、おそろしくよけいに飾り付ける人がいる。披露宴のスピーチで「名言格言」を引用して得意になってる「とても格好悪いおじさん」と同じである。手持ちで戦おう。

話すように書け、とかつて指導していたことがある。うちのスタッフに文章を書かせると、どうも堅い。もっと、喋ってるときのように書け、と教えた。しかし、うまくいかなかった。

どうやら人間は、「喋っているときの語彙」と「文章を書くときの語彙」をまったく別の棚に入れて整理しているようなのだ。喋るときは喋るほうの棚、書くときは書くほうの棚から言葉を出してきて、また戻す。二つの棚は、まったく離れたところに置かれているらしく、両者の仕切りが取られることはない。何人にも指導しているうちに気がついた。

ふつうの人間は、何があっても、〝喋ってるように書く〟ということはできないのである。

だからもし、自分が喋るときに使ってる語彙と言いまわしで本当に文章が書けるようになれば、いろんな壁を乗り越えられるのである。敢えて「自分の中にある言葉の棚の仕切り」を壊すよう、心掛けてみるのはいいとおもう。

ただ、本当に喋り言葉だけで文章を書いてしまうと、大人には怒られます。広告代理店に、いつもの雑誌に書いてるような文章で書いた企画書を提出したら、あなたは馬鹿にしてるのですか、と本気で怒られたことがあった。喋り言葉と書き言葉の壁を破るというのは、文章を書く練習にはいいのだけれど、社会のルールをいくつか無視することになるんで、使うのは気をつけたほうがいいようだ。

†辞書を引くんだ。ふーん。

文章は手持ちの言葉で書こう。文章は飾るんじゃない。

このことを説明するときに、私はよく「文章を書くときに、辞書を引くな」という逆説的言辞を使う。

文章を書くとき、辞書なんか引いてるんじゃねえ。

ま、なんかそんな伝法な感じですけど。

これはもちろん、文章世界で教育的に使われている「文章を書くときは、辞書を引きましょう」という真面目な教えに反抗したものですね。

「文章を書くときは、こまめに辞書を引いて、自分が使っている言葉が正しいかどうか、常にチェックしましょう。人は意外と自分勝手な思い込みによって、間違った用法で言葉を使っているものですから」

というのが、辞書を引いて書きましょうという教えが指し示す方向。

でも、ライターの現場では、書き手は辞書なんか引くものじゃなかった。

駆け出しのとき、ラブホテルの雑誌を作ってる編集現場で、いちど、原稿を書いている最中に、何となく国語辞典を引いていたことがある。そのとき、前に座っていた先輩のライターに鼻で笑われた。「辞書を引くんだ。ふーん。ずいぶん高尚なものを書いてるんだね」と言われた。それまでは辞書を引いている姿というのは、どっちかってえと褒められたものだから（そのときは別に褒められたいとおもって引いていたわけではないんだけれど）、かなり驚いた。

そのときはすぐにはわからなかったけれど、あとで気づいた。「原稿書いてるときに、こいつ、辞書、引いてるよ、何を無理に気取ろうとしてるんだ。馬鹿じゃないのか」という意味だったのだ。

戦場での比喩でいえば、「敵と遭遇してまさに戦いが始まろうとしてるときに、こいつ、〝最新鋭の銃の扱い方について〟なんてマニュアルを読んでるよ。あにやってんだよ。使い慣れた武器だけ使え」ということになるだろう。

だからわたしが生徒に教えるのはいつもひとつである。

「辞書はインプットのときに引こう。アウトプットのときは自前の言葉でやろう」

本や雑誌を読んでいるとき、またはテレビやインターネットを見ているとき、知らない言葉が出てきたら辞書で引く。(ま、実際には辞書で引かないで、インターネット検索かけるほうが多いとおもうけど)。そのときに意味を摑む。自分で日常会話などで使ってみる。メールで使ってみる。使い慣れたら、初めて文章に用いる。そのときはもう、これ、そういう意味だったたっけかと辞書を引く必要はないだろう。

意味を調べるのはインプットのとき。アウトプットのときに辞書を使うな。辞書で確かめたくなった言葉は、その時点で捨てよ。それが、現場の教えです。

手持ちの言葉だけで何とかしよう。

大丈夫、それで、何とかなる。

文章は、身の丈に合った表現がいちばん人に届く。

ただ、辞書、という言葉であらわしているように、これは辞書に載っている漢字ないしは漢字を使った熟語のことを指しています。湧いてきたようなカタカナ文字については指していない。そんな言葉、書く文章で使うんじゃない。

†削る作業に自分が出る

文章を仕上げるときに大事なのは、足すことではなく、削ることになる。飾ることではなく、スリムにすること。

書き始めたなら、書きながらもつねに削ることを念頭においている。たとえば、文章の分量が決まっている原稿を書くとき、ほとんどの場合は字数をオーバーして書いて、あとで削ることになる。私はだいたいそうである。

これは自分の方法なので誰でも有効なわけではないが、書き出したときに「熱」をまずすべて放出させる、ということだ。熱が出きったあとで、冷静な視点がやってきて、ビジネスライクに余分な部分を削っていく。ビジネスライク、というのは、イメージです。ほんとにビジネスがライクなわけじゃないです。

削る作業では、自分が出る。

自分は何が嫌いなのか、苦手なのか、どういう印象を持たれることを避けようとしているのか、そういう「表現におけるマイナス部分」が文章スタイルを決める。

文体が決まるのは「どの言葉を使っていないのか」というポイントなのだ。どの言葉を使っているか、ではない。使ってない言葉でスタイルは決まる。だから、作家の文章を表面的にだけ真似ても、ほとんど似ていないものになる。それは、その作家が絶対に使わない言葉を知らずに使っているからである。

スタイリッシュに書いていくには「徹底的に削っていく」ということに尽きる。

何か芯が通っていていいな、とおもう文章は、ほとんどの場合「どの単語を使わないで書かれているか」というところにポイントがある。

プロの文章は、ほとんどすべて、巧妙に「ある言葉」が使われていない。

使われていない言葉は、とても見つけにくい。使われてないのは「たまたま」なのか、「わざと」なのかがすぐにはわからないから、である。

でも、プロになれば、特に小説家となれば、使わない言葉が、それこそあまたある。何が使われていないか、がかなり重要である。

いやな言葉は使わない。

ここで、私個人の好き嫌いの話をしてしまって申し訳ないが、私がどうしても忌避している単語のひとつに「メセン」というのがある。いま、ここで書いていてもちょっと落ち着かない。つまり、〝目〟という漢字と〝線〟という漢字で構成されている言葉です。

私が若いころは、カメラマンがモデルさんに、「こっちにメセンをください」という使われかたしかしてなかった。つまり、目の方向を指示するときに、他者が外側から使う単語というのが私の認識である。自分の内側から出て行くものをその単語では説明しない。それは普通〝視線〟と言う。もしくは〝視点〟になる。いま使われているメセンという単語は、だいたい視点か視線という言葉に置き換えられる。だから、私は使わない。

あえて理由をつけるなら〝そんな言葉を使ってる文章を19歳の自分が見たら、バカだとおもうから〟となるかな。19歳の自分にバカにされたくはないです。

社会構成員全員で（私にはそう見える）〝視線〟という言葉を、必死で、その言葉に置き換えようとしている理由がよくわからない。わが共同体のある病いを体現しているような気がしていて、とりあえずそっちは留保させてください、という気分もあって、使わない。ま、そんな大仰に説明することはないいんだけどね。

でも、使わないだけだからね。いまここで説明してしまったけれど、ふつうは説明せずに、ひたすら避けるだけだ。もちろんこの単語以外にも、いくつも使ってない言葉はある。

†文章は共有物でしかない

文章の〝個性〟や〝自己〟は、そういう部分から表れてくる。

言うなれば、隠そうとしてもどうしてもあらわれてくるのが個性なのだ。

だから、自分の考えを前面に押し出して、個性を強調しようとしても、まず、うまくいかない。

その部分を逆説でもって、「文章で自己表現はできない」と言っている。

「自己表現のために文章を書き、それがストレートに読者に受け入れられる。いいなあ」ライターや小説家などのプロの文章書きに憧れる人が、この職業に対して持っている美しく大きな誤解がそれだろう。

自分の考えたことをそのままストレートに出して、それで生活ができるなんて、すごくすばらしい、すごい、おれもやりたい、となるようだ。

たしかに。

そんな職業には憧れる。

ただ、そういう面がまったくないとは言わないが、でも、ほとんどない。

それは、仕事だからだ。仕事は仕事である。やりたいことだけやっていても大丈夫、という仕事は基本、存在しないし、もしあったとしても長続きはしない。

「自己表現」という言葉があらわしているエリアは本来、もう少し広いものであるが、ここでは「自分のおもいを誰にも邪魔されずにストレートに発表すること」に絞って話をします。

プロは、「自分のおもいを誰にも邪魔されずにストレートに発表している」わけではない。

そういうラインに自由さとオリジナルは存在しない。

文章は、発表した人のものではない。

読んでくれる人が存在して、初めて意味がある。つまり文章は読み手のものである。百歩譲っても、書き手と読み手、共有のものである。だから、そもそも、あらゆる歴史上の作品と関係がなく、真のオリジナルなもの、というのは存在しえない。存在したとしても、意味がわからなくて無視されるだろう。少なくとも文字を使った表現ではそうである。

文章は、どれほど高い芸術性に彩られていようと、それが文章である限りは、共有物でしかない。共有できない文章には意味がない。

プロであるかぎりは、そこを自覚して書いていくしかない。

「何ものにも邪魔されずに、自分のおもうがまま、そのままストレートに表現したもの」

を自分が書いたときを想像すると、少し怖い。というか、かなり怖い。それはおそらく意味不明の、言葉なのかどうかもわからない塊を吐き出してしまいそうである。まず、読んで意味のわかるものは書けないだろう。私が想像する「真に自由でオリジナルな作品」とはそういうものである。狂気との境目がわからない。というか、ほぼ、狂気そのもの、だとしか考えられない。

†オリジナル幻想

みんな「オリジナル」に対して過剰な信仰を持ちすぎだとおもう。

〝世界にふたつとない個性的な自分〟を大事に考えすぎです。

「自己表現として文章を書きたい」という発想は、ほとんどの場合「おれの話を聞け」と言ってるにすぎない。「ただひたすら私の話を受け取ってください」と言ってるだけなのだ。自分の内側にあるものをストレートに出すので、それを受け入れて欲しい、という心の動きを「自己表現したい」と言い換えてるにすぎない。それは、自己表現とはちょっと言えない。そういう考えは、とりあえず捨てたほうがいい。

新人文学賞の選考には、下読み係がいる。最終選考はプロの作家が中心となって選ぶが、その前に、箸にも棒にもかからない作品をどんどん落としていく係である。言ってしまえば、下読み係は、「おれの話を聞け」というおもいだけで綴られている文章群を、ただ機械的にはずしていく、という作業をやる人たちのことである。そんなものは大人の社会では相手にしてられない、ということなのだ。書く行為そのものは、その人の何かの救いになるかもしれないが、書かれたものには意味はない。「おれの話を聞け」は彼女に頼んでください。社会に持ち込まないでください。

ただ、自分の表現したいことだけを発表して活動したい、というのは、永久機関製作の誘惑のように、常にプロをも誘ってくる。「売れるものではなく、作りたいものを作るんだ」という叫びは常にミュージシャンからも漫画家からも聞こえてくる呻きで、いつも黒く大きな口を開いてすぐ近くに待っているようである。あまりオリジナル幻想に取り憑かれないほうがいいとおもう。

われわれは、どんな物語でも作品でも、先人の作ったものに乗っかって、その子として新たなものを作る。

そこですね。

新たなものを作れるのは、わたし以前にいろんなものが作られているからである。先人のクリエイティブの上に、あらたなクリエイティブが加わる。100%のオリジナルはない。

「新しい、オリジナルだ」とわれわれが認めているものとは、それは、過去に作られた作品をふまえたうえで、なぜかいままで触れられることのなかったエリアについて初めて描いたものである。あとから見ると、すっぽりと居場所にはまっていて、それが存在する前から、そこにあると決まっていたようにおもえるものですね。それが、われわれが「オリジナル」と認識しているものだ。

単に言葉の問題でしかないともいえる。

オリジナルとは、あらゆるものから独立した真に孤立した存在であると想像しがちであるが、そんなものであるわけがなく、過去の存在や作品に大いに啓発され、導かれ、刺激され、考えさせられ、その多くの作品のあとに生まれたもの、それをオリジナル、というのである。

先人に対する尊敬があり、読者に対しての配慮がある。つまり、過去と読者があってこその作品なのだ。あらゆる仕事と同じことが要求され、同じ努力が必要であり、同じような気配りが欠かせない。

それは「逃避としての桃源郷的な自己表現」をめざしている人の到達したいところではないだろう。仕事であるかぎり、仕事なのだ。

すべての物語は、すべての人に対して開示されている。

小説や映画のストーリーもそうだし、このような新書における「読み物としての骨格」も同じことだ。つまり「芯の部分は、すでにどこかで誰かが書いているものでしかない」ということだ。でないと、読んでもらえない。知っている話の変奏でないものを読む力はふつうの人は持っていない。

物語を作る人がオリジナルとして力を入れるのは、物語の変奏であり、編集であり、新しい視点なのである。

もちろん、最初から、「物語には祖型があって、すべての物語はそこからしか生まれない」などと考えて創作に入る人は少数だろう。みんな、自分なりのオリジナルを求め、かつて地上に存在しなかったと信じるお話を作ろうと苦闘する。その努力は尊い。かつてあったものから適当に選んで繋げば新しい話なんて簡単だよ、なんて考えてる人に新しい物語は作れない。人を惹きつける物語には、やはり、その人自身の苦闘が内在しているものだ。

ただ、実作者のそういうおもいとは別に、横から眺めてみると、創作というものは必ず先人の作品があって、流れがあり、その流れの中から新しい作品が出てくるわけである。

いい文章を書くにはという問いに対する答えは、つねにひとつである。

「先人の書いたよい作品、よい文章を読め」

これだけだ。

名文の〝書き方〟に書かれていることは、ふつう、これだけです。読むだけではなくて、暗誦できるともっといい。とにかく、「根本の原理」というものが存在せず、「常に読み継がれてきたもの」の中にしか学ぶものがない。これが、物語や文章の本質なのである。

文章書きのマニュアルは存在しない。

根本原理が存在しないということは、誰にでもわかりやすい方法はない、ということである。枝葉末節にはマニュアルはありますよ。改行しろとか、漢字を減らせとか、まあ、ある。でも、根本については、ない。

ひとつあるとすれば「かつて語られたものを、あなたもまた語り手として、後世につなぐ覚悟があるかどうか」だけであろう。

ということは、いまもし、あなたがいい文章や小説を書いたとして、それがどうやって名文になるかというと、あとに読み継がれることによってのみ、名文となりうるのである。

孤高の作品として、誰にも読まれず神にだけ読んでもらえるように遥かな山の頂上に置かれているなら、それは名文にはならない。「どれだけの人に暗誦してもらえたか」というのが名文たる条件になってくる。

新しい文章も、わくわくする物語も、心動かされる作品も、かつて存在したパターンの中から生まれ、そしてまた次の世代の物語を作る土台となってゆく。

とにかく、オリジナルを作るためには、過去の作品をいっぱい読まないといけないということである。

いい文章を書くには、いくつのパターンが頭の中にストックされているか、ということに尽きる。

すべての歴史から断絶して、完全なオリジナルを書こうとしてはいけない。

†とにかく前へ進む力

完全なオリジナルをめざそうとすると、たとえば、無意味に資料集めをしたりする。

定年退職後、よし、あまり知られていない郷土の偉人について、自費出版の本をひとつ書き上げようではないかと、誰でもいいけど檜垣直枝でも秋色女でも木下杢太郎でも何でもいいけど、とにかく書こうではないかとおもいたったお父さんがやってしまう失敗は

「まず、資料をコンプリートしよう、きちんと資料を集めるんだ」という準備をしてしまうことですね。資料を集め出したお父さんは、まず、本を書けません。仮説なき調査、という陥穽にはまってるのがそもそもの問題だけど、資料を集めて全体像をつかんで、その全体を書こうとしている、その頭の働きが無茶なんですね。

本を書くときには「すでに発表されていることをほとんどそのまま踏まえて」「一つだけオリジナルの視点を示せばいい」ということが、たぶん信じられないのだろう。オリジナルであるかぎりは、すべてオリジナルであることを目指そうとして、自壊する。オリジナルなんて、たった一つの新しい視点さえ示せばいいのだ。

だから「偉人についてなにか書きたい」とおもっていたら、資料なんか集めてないで、すぐに書きなさい。資料集めてる時間で、書こう。本を書くのに大事なのは、とにかく「前へ進む力」であって、何も偉人の全体像を示すことではない。そんなところにオリジナルは存在しない。あなたが引っかかった「なにか一つのポイント」を、その人を選んだ引っ掛かりを突破口として、とにかく徹底的に鋭くつっこんでいくしかない。資料集めはあとだよ。全容を提示しようとするな。ひとつの側面だけ示せば十分です。とにかく地元の偉人の資料集めに奔走しだしたお父さんがいたら、止めてあげてください。(偉人の資料館を作るために資料集めしてるんなら、止めなくていいです。何の話をしてるんだろう）。

オリジナルとは、人の成果を踏まえて、それをすべて呑み込んだうえで、たったひとつでいいから、何か新しいことを示すこと、それだけです。それがオリジナルです。自費出版で何か出そうとしてる人はそういうところに配慮するとよろしい。自費出版の本って、まあ、すごいけどね。

オリジナルを目指すためには、過去のものを知っておいたほうがいいということでもある。

もちろん、文章を書くことによって、結果的には「自己表現」は可能である。ただそれは、その文章に宿ってしまう「身体的特徴ともいえる個人的な痕跡」によってのみ可能なわけであって、自分のおもいどおりの話をストレートに展開できる自己表現とはほど遠いものである。自己表現というよりも、隠そうとおもっても晒されてしまうもの、と言ったほうがいいだろう。

ある「独創的な発想」によって、熱狂的な喝采を受けたい、と夢想しないほうがいい。個人の考えが熱狂的に受け入れられることはまずない。

オリジナル、という言葉のイメージにとらわれすぎると、一人で負けてしまう。ひとり自分だけのものを世に問おうとしても、相手にしてもらえない。そういう意味で、文章では自己表現はできない。

世間に合わせていくという、おそろしくつまらない手順を経ないと、なかなか表現の場は確保できないのである。あまり愉快な話ではない。でも、そういうふうにしか、世界は動かないのだ。しかたがない。

7章　事前に考えたことしか書かれてない文章は失敗である

文章を書き始めると、書き手には制御できない。

文章は暴走する。

もともと制御するつもりもない。

書いている最中に、新たなアイデアが浮かんでくる。逃がさないようにして、いま書いている文章に取り込む。その繰り返しである。書いているから、新たなアイデアが浮かんでくるのである。書いてる最中に何も新しいことが浮かんでこなければ、それは失敗だ。

書きたくない内容なのに書いているから、そうなる。それは失敗である。

書いていて何が楽しいかって、書く前には想像もしなかった出来上がりになるからだ。

へー、これ、おれが書いたもんなんだー、とあとで自分で感心できるのが、いちばん、いい文章である。

かつて推理小説を量産していた作家が、小説を書き出すときに犯人が誰かなんて考えていない、と述べていたことがあった。

つまり、最初に結末を想定して、そこからさかのぼって書いているわけではない、と言っていたのだ。最初に犯人を決めてしまって書き出すと、読んでる人だってすぐにわかってしまう、というのである。書いてる本人も知らないから、読者も誰が犯人かまったく見当もつかず、わくわくして読み進んでこられる、という説明であった。

この話を初めてきいたときは、驚いた。まだ、私も物書きになる前だったから、推理小説なんてものは、必ず結末が決まって、しっかりした構想のもとに書かれていくのだと信じていたから、とても驚いた。

スポーツはやってみないとわからない。

文章もスポーツだ。書いてみないとわからない。

毎日のように文章を書くようになって、この言葉をおもいだすと、よくわかる。

そして、いまは、結末から考えて構想通りに書けた小説なんて、さぞかしつまらないだろう、とおもっている。

文章は躍動する。文章は勝手に動く。だから書いていて楽しい。

あまり文章を書いたことのない人は、文章を書く人は、事前に充分に考えて、その計画どおりにきっちりと原稿用紙に書いていくのだろう、と想像してそうである。

たしかに。

文章を書く前の私もそうおもっていた。

いや、ひょっとして、そういう先生もいるのかもしれない。私が知らないだけで、最初から最後まで制御しきった文章で一冊の本を書く先生がいるのかもしれない。ごくろうさまである。もしいたとしても私は読みたくないですその本。ぜったいつまんないから。

文章を書くときに、では私はどうするか。

たとえば週刊誌で連載していた1ページの文章の場合。

まず、今号で扱うテーマを決める。テーマって感じじゃないですけどね。ネタ、と自分では呼んでいた。今週、読んでる人を笑かせるネタ、もしくは驚かせるネタは何がいいだろうか、と考え（毎週、1号終わるごとに考えているわけではなく、常にいくつも考えていて、そのストックの中から今週はどれにするかを選ぶ、というのが実情に近いのだけど）、そのネタに関する調査を終え、表を作って、編集部に送って、字数を出してもらう。

そこから執筆である。

「調査した表」を送ってあるのだから、テーマは決まっている。ネタは完全に出ている。調べたことを順序立てて粛々と説明していけば、事足りる。

事足りるのだけど、そんなもの、足りてもしかたないのだ。ネタとは別に、文章が楽しくないと意味がない。なんか、うきうきしたものを書かないと、提供する意味がない。

私が考えている私の役割は、楽しませることにある。

私のページを読んで「ばっかじゃないの」と言われたい。「ねえ、ちょっと今週号のこれ、読んだ。ばっかなことまたやってるわよ」と強く言われたい。

そのためには、説明ではダメなのだ。説明なんて誰もじっと聞いてくれない。もう少し、読んでいる人を揺り動かしたくて、なるべく高いテンションになって書き出す。

†そのとき、たまたま

ここで大事なのは、即興性である。一回性でもいいや。

いま、この瞬間にたまたまおもいついたことを大事にして、それを書く。

事前に、文章をじっくり練らない。書いたあともじっくりいじらない。

書いてる瞬間の、そのときにしか書けないことを書く。それが大事だった。

だから、書き直すときは、全文が変わる。最初の1行を直すと、全文、直さなきゃいけなかった。(これは1ページの原稿だからできたことだけど)。

この、そのときたまたま書いた、というのが大事なのだ。

何にとって大事かってえと、文章を楽しく書くために、ですね。つまり、読み手をうきうきさせるために、てことになります。

書いていておもうけど、これはちょっと特別な書き方である可能性も高いので(あまりライター仲間に執筆の仕方を聞いたことがないです)マニュアル化して、真似しようとおもわないようにね。とりあえず、文章を書く力について説明する導入として、お話ししてるまでです。

事前に、だいたいどういう内容になるかは、決まっている。表があって、ネタが決まってるのだから。調子の悪いときは、事前に自分でこう書くんじゃないか、と予想されたとおりの文章になる。表を送ったときに、担当編集者が予想したとおりの内容のもの、ということですね。それは調子の悪いときだ。

書く前に用意したものしか書き出せなかったときの気分は最悪である。どうしようもないものを書いてしまった、とおもう。

ま、週刊誌だから、書き上げると、忘れて、次のことを考えるようにするけどね。あまり反省はしない。ただ、気分があまりよくない、というだけだ。

今週号は、どういうネタにするか、と考えるのは企画力。それを調査して、表にして入れるまでが、調査力と技術力。(調査したデータをどういう表にするのかは、すごく技術力がいる)。

ただ、ここまでは下準備にすぎない。

さて、そこからが本番。パフォーマーとしての見せどころ。

その材料で、おもいもつかないステージにするにはどうするか。

下準備をしたのは、自分だから(この場合、自分の〝頭〟だから、というのが感覚として近い)、このあと違う出来上がりにするには、違う力を借りないといけない。

わたしではないものの力をもらって、書くしかない。

そして、調子いいときは、わたしではないものの力によって、おもしろいものを書かせてもらっていた。

そうとしか言いようがない。

わたしではないもの、が来てくれなかったときは、しかたないので、しょんぼりと、いつもの決まったパフォーマンスでお茶を濁して、しょんぼりとステージを降りてくるしかない。もちろん、あまりしょんぼりさに気づかれないようにしてるけど。

これが私の文章の書き方だ。

だいたいいつもそんな感じである。

事前に、書く内容は決めてある。最終的に言いたいこともほぼ決まっている。どっちの方向に行くか、どこが着地点か、それは事前に見えている。

ただ、それをどんなところから導入して展開して、その着地点へ向かうのか、そういうビジョンは持たずに書き出す。それは、書き出したあと、誰かが引っ張ってくれる力によって書いていくものだからだ。

なんか説明していて、すごく変なことをしてる気になってくる。

そういう説明をしてくれた文章をあまり読んだ記憶がないからだ。

でも、こういう方式が私だけのものであるはずがない。形は違うが、プロの執筆家はこういう書き方をしてるものだとおもっている。(全員ではないだろうけど)。

ただ、この方式は書き始めるまでにとても時間がかかる。

いつ、自分でないものによって書き始められるのか、そんなもの、おれにはわからないからだ。待ってるしかない。まるでシャーマンのようだ。考えてみれば古代の祭祀だって、シャーマンが憑くまで待ってくれるわけではないだろうから、祭祀の時間が決まっていたら、何とかそれに合わせて物憑きにならないといけない。だからおそらくシャーマンがやっていたのと似たような儀式がいくつかあるのだけれど、同じ儀式だからって、いつもかならずすっと入ってくるわけではないのが苦しい。シャーマンも、ああ、今日はちょっと憑ききらなかったなあ、しかたない自分の意識を残したまま、無理してアゲアゲでいくしかないなーとおもいながらやってたんだろうなあ、と急に卑弥呼の気持ちをリアルにいま想像したりしてます。卑弥呼がんばれ。

たまに、事前に、おりてきてくれてることがある。

今週、あのネタで書くんだよな、と何でもないときに考えてると、たとえば風呂に漬かってるときとか、草野球でボールが来ないショートをぼーっと守っているときとかに、「最初の一行」がすっと頭の中に降りてくることがある。

「幼時から父は、私によく、金閣のことを語った」

いや。語られたことはありませんけどね。

事前に一行だけ降りてきてると、すっとそのまま書いていけることが多かった。

何も、神憑きの話をしてるわけではない。

文章の自走性について話したいのだ。

†なんじゃ、こりゃあ

そもそも、文章は、頭で事前に制御できる部分だけで書き上げられない、ということなのだ。

文章を書き始めたとき、言いたいことがあって、どこに行くかが決まっているときにかぎられるのだけれど、文章は自走しはじめる。

結婚式の失敗したスピーチと似ている。

結婚式で、いきなりスピーチを頼まれて、失敗したことはないですか。

事前に頼まれていると、だいたい、どのネタとどのネタを入れて、こんな感じにして、最後はこのネタで締めてというのを考えられるんだけれど、ときに、酒を飲んで気持ちよくなってるときに、時間調整によるものか、いきなり少しだけ話してくれと頼まれて、しかたなく喋るときがあるが、さて、そういうとき、スピーチが自走しはじめて、止まらなくなったことがありませんか。

ないか。おれはよくある。

本来、話そうとしていたこととどんどんずれていく。心温まるエピソードのはずが反応がなく、爆笑ネタもこれまた反応がなく、しまったああ、やっちまったああとあせりだすと考えてもいなかった話をどんどん足していって、収拾がつかなくなり、意味不明の数分の喋りのあげくにしどろもどろに戻ってくる。ないですか。そういうの。おれ、そういうのしか覚えてないな。これはおもしろくもないし、もちろん感心もされず、しかも破壊的でも自虐的でさえもない。話がただ自走したとしかいいようがない。

もちろん、これはスピーチの失敗の話です。失敗したのは、通過点と着地点を事前に決めてないからだ。でも、大人になって、人前に立ったとき、黙り込むということはぜったいに許されないから、とにかく空間を埋めようと喋りだすと、そのとき、まったく頭では制御できないで、進んでしまう、という、そういう例です。情けない例だけど。

文章にもこれが起こる、という話です。

文章は自走する。ときに暴走する。頭の制御がおいつかない。暴走させると、意味不明になって、読んでもらえないけどね。

だから、枠を決めて、その中で自走させるようになる。この、制御した暴走、という状況をプロになって身につけようと奮闘した。いまだ、うまく身についてないけれど、ときにうまくいく。ときにうまく機能しない。でも、うまくいったときの快感は大きい。

自分の文章が楽しい。書いていて、楽しいし、あとから読んで楽しい。(寝て起きて読んでみると、何書いてんじゃこりゃあ、と松田優作的大声で怒鳴りたくなることはありますけど)。

あとで読んで、これ、おれが書いたのか、よくこんな表現をおもいつくよな、とおもえるとすごく楽しい。日常生活で使ってる頭の部分で見ると、よく知らない人が書いてるものに見える。それが、書いていて、おれにとって、いい文章。

だから、この章のタイトルと同じことをいつも格言として抱いてる。

「書く前に考えていたことだけを書いた文章は、失敗である」

それは、失敗です。おれにとってはね。

書いてる最中に、自走しはじめる文章に乗っかって、どこにいくのかよくわからないまずっと一緒に走っていると、頭の中にそれまで考えてなかったことや、忘れていた風景が出てきたりして、それをまた書き綴っていくようになる。それを繰り返していると、まったく違う展開を見せ、おもいもよらぬことを書き、とんでもない地平に出てたりして、一挙に書き終わる。

ふっと憑き物が落ちると、あとは冷静に見返すばかりだ。

だいたいが行数を遥かに越えているから、これからせっせと削る作業に入る。削る作業については、毎度毎度やっているから、すごく得意である。これは、職人技というか、技術である。どうやって詰めていくかというのをすごく細かい作業でやる。

雑誌の場合は、だいたい「16字詰め153行」というように、字詰めと、行数をきちんと出してもらって、それにぴったりと当てはめて書く。ライターの技術ですね。小説家にはこういう技術を持ってる人はあまりいないとおもう。

ライターとしての細かい技術を言うと、「文章を減らす」のではなく「行数を減らす」のである。

まず段落ごとにチェックをいれる。段落の最終行が短い段落をまず詰めて一行減らす。それを数段分おこなう。あと、最初の導入にすごく関係ないことを書いてることが多いんで、いわばスターターの台になっていた部分をどさっと削る。2段落ぐらいまとめて切る。そのあと、まだ削らないといけないときには内容としてあきらめる部分を決める。だいたいの場合、どうでもいいようなエピソードを残して、結論部分を繰り返してることが多いんで、結論のところを徹底的に削る。そうやって、行数を合わせる。ぽんとはたいて、すっと送り出す。そんな感じ。

ま、これは仕上げの技術。ワードプロセッサー以降、こういう作業になった。昭和の終わりころからだから20年を越えるのか。手書きの時代は、もう少し行数を最初から合わせて書いてましたね。1回で綺麗に行数を合わせたりして、そのことをすごく楽しんでたりした。ずいぶん昔の話だ。

†どこへ到達するのか

事前に書くと決めたことだけを、きちんと書きたい。書いてる最中に湧いてくる余計な想念に惑わされたくない、と考える人もいるだろう。

でも私から見れば、それは、あまり文章を書く人には向いてない。文章を書く醍醐味は、文章の自走に任せるところにある。そういう文章は「書き手であったはずの自分」さえも「読み手として驚かせる」ことができるのだ。

それが文章の持っているもっとも強い力のひとつだとおもう。

おもいうかんだことをそのままずらずらと自動書記のように書き連ねていて、それで読めるレベルの文章が出来上がるのだろうか、という懸念があるだろう。

だから、それは、慣れである。

書き慣れてない人が最初からそういうことができるわけではない。おれだって、駆け出しのライターのときから、すべてがそううまくいったわけではない。何も考えずにすーっと書いていて、戦略なく書いてるけど大丈夫かしらとおもいつつも、あとから読み直すとけっこうふつうに読める、ということになったのはたぶんライターをやって10年以上経ってからだ。

でも最初のころから、そういう書き方をしていた。勢いで書いて、ほとんどオッケーということもあったが、ほとんど使えない、ということもあった。最初のころは、歩留まりが悪かったということだ。でも、その憑依型をやめられなかった。いまに続くもやめられていない。

書くというのは、そういう憑依したものを出してくることだとおもっている。憑くというと、シャーマニズムな、何だか怪しげな行為のようにおもえるかもしれないが、これは無意識から何か汲み出してくること、とも考えられる。

無意識、は言いすぎですね。

そんなたいそうなものじゃなくて、意識の表面にあがってきていないもの、つまり、ちょっと忘れていた記憶くらいのものですね。でも、日常では何かによって忘れ去られている部分、そこを浮かび上がらせようと、いろいろ試している、ということだ。

それが動きだしたときに、好き放題に動かさないように、ある程度のおおざっぱな道筋だけは確保しておいたほうがいい。つまり、「どこへ到達するのか」という目標地点である。結婚式披露宴のスピーチが迷走するのは、どこにたどりつくか決めていないからである。

最後は、『『水戸黄門』に出てくる悪者の屋号に〝越後屋〟は存在せず〝西海屋〟がもっとも多い」という、そういう結論を言うために書いているのだ、いまはたまたま別の話をしているけれど、最後はその話で終わるぞ、という、〝あくまで脱線してるのだ意識〟が大事である。脱線意識というのは、つまり本線意識をちゃんと持ってるということ。

これはおそらく何回もやっているうちに鍛えられてくるものなんだとおもう。自分の体験からみて、そうである。書き終わったあと、見返すのもいやだ、とおもった文章をそのまま送ってしまうことがあるけれど、最近は、それでも読める内容だったりして、自分で驚きます。

どこへ到達するのか、という意識と同時に、もうひとつ常に強く持ち続けているのは、書いているあいだ中ずっと「そこにいる読み手」を意識しつづけていることですね。

その読み手は、それが豊かな表情を持っていて、彼女（この場合、異性であるほうが何となくいい）がつまらない顔にならないように、とにかくいまおれが持っている話題で彼女の気持ちをそらさないようにそらさないようにと書いていく。彼女の表情は茫漠《ぼうばく》としてよく見えないんだけれど、でも、感情だけは何となく伝わる感じで、とにかく彼女がつまらないとおもってしまったら最悪だから、次々と彼女を説得するためにいろんな比喩を持ってきたり、まわりまわって意外なエピソードを無理矢理くっつけたり、正面から攻め、脇からも迫り、冗談もすべろうとも次々に入れて、とにかく最後まで聞かせるために、いまそこにいる彼女に聞かせるために、いろんなものを動員していくばかりである。そうしていると、それまでおもいつきもしなかった説明や、自分でも気づかなかった新しい視点が口をついて出てきたりして、自分でも驚きつつ、走りきるように書ききる。

新発見や、おもいもかけない新視点に気づき、比喩までもがうまくはまったことで、異様に高揚していき、また次の言葉や説明がすっと出てくる。

書く前にはとても用意できなかった表現やら比喩やら、わかりやすい説明やら、解説がどんどん湯水のごとくに湧いてくるのだ。すごいすごい、おれ、すごい、なんて言葉にせずに書いていて、(でも、このすごい、は自分にとってすごいだけで、書き上がったものを見て、あまりみんなすごいとは言ってくれないんだけれど)、その興奮のまま書き上がるのが、文章として理想です。

もちろんそのあと、冷静な部屋の住人がやってきて、すべてをチェックして、まったく意味不明なところをきれいに取り除いて、仕上げるんだけどね。

だから私にとって大事なのは、書く材料よりも「書いている最中にあらたに生み出される想念」である。それを出すために、文章を書いているようなものだ。

†頭では泳げない

文章や小説を書くにはどうすればいいでしょうか、というアマチュアの質問にプロフェッショナルが答えるのは、一つは「いい文章をとにかく読め」であって（暗誦するくらい読め、ですね）、もう一つは「とにかく書け」ということになる。

なぜ「とにかく書け」なのか。

それは文章を書きあげていく過程が、上記のとおり、書かないと経験できないもの、だからだ。その意味で、文章を書くのは、スポーツと同じである。ほぼ、まったく同じだとおもっていい。

文章は文章そのものに運動性がある。

書き手が制御できるものではない。その「文章が暴走して手に負えない感じ」は、これは実際に体験するしかないのだ。そういう意味で「文章を書くこと」は「運動」であり、

「身体」である。頭脳ではなく、カラダ全体の動きなのだ。頭は司令塔ではあるが、それが制御しきれるわけではない。いくら私がここで言葉を尽くしてその感覚を説明しても、読んでるあなたが実体験できるわけではない。

だから、書くしかないのだ。

つまり、私の説明してることを、あなたも実際に体験してみるしか、文章をうまく書ける方法はない、ということだ。だから、とにかく書け、なのだ。理屈を学んでる手間で書け、ということ。

サッカーがうまくなりたいときに、あなたはどうすればいいのか。

サッカーボールをまず蹴ること、実際にカラダでトラップすること（ボールをカラダに当てて蹴りやすいように前に落とすこと）、ヘディングで狙いをつけること、それを繰り返していくしかない。そして何人かでサッカーをやること。実際にゲームで起こることに近い状況を繰り返し体験すること。それに尽きる。そうしないとサッカーはうまくなれない。ただ頭で考えていてもだめだ。身体で覚えろ。グランドではそういう教えが常に有効である。

文章はこれとまったく同じなのだ。

泳ぐ、ということから考えてもいい。

山奥に育って、一度も水の中に入ったことのない、という若者がいた。(実話です)。プールのある学校に行ってたときは身体が悪くて水泳はいつも見学していて、健康になったときには、もうプールのない学校に通っていたのだそうだ。

20歳になった彼を連れて、海に行った。(もう20年くらい前の話です)。

初めて水着を買って、湘南の海へと向かった。生まれて初めて海に入って、彼は泳ぎたいという。泳ぐにはどうすればいいのか、いろいろと聞いてきた。

私は、自分が泳げるようになったいきさつをおもいだしながら、彼に説明した。最初はバタ足だけだったし、クロールをやるには息継ぎができるまでが大変だった。クロールの腕は水を搔くのではなく、肩を前に進ませるための動きである。そのようなことをわりと丁寧に説明した。あきらかに初心者には不必要な情報まで与えていたのだけれど、真剣に彼は聞いていた。そして、わかった、と言った。聞いただけでわかるものかなあ、とおもったけれど、彼はすぐに泳ぎたいと言い出した。大人になって始めるには、知識から入ったほうがいいのだという考えらしく、いろんな人にひととおりのことを教わってそれを反《はん》芻《すう》して、海の中へ入っていった。泳げそうかと聞いたら、たぶん大丈夫だろうと答える。そこそこ深いところまで進んで、泳げる者3人で見守っている中で、彼は、じゃ、泳ぐから、と頭を沈めた。

そのまま手が一本出てきて、ばざばざと振り回される。

身体が上半身と下半身がばらばらびぐにゃぐにゃと動く。

ときどき手が海面に出て、不思議な揺れ方をする。

見ているうちに、どんどん沈み始めた。

ぶくぶくぶくと、そのまま深く沈んでいくので、3人あわてて、潜って、引き起こした。まさか目の前でずぶずぶと溺れだすとはおもってなかった。引き起こされた彼は悪びれた様子もない。ちょっと息を弾ませながら、「どうだった」と聞いたので驚いた。つまり、彼はきちんと泳いでいたつもりだったのだ。ぶくぶく沈んだとおもったのだが(というか、事実、ぶくぶくと沈んでいったのだけれど)彼は、少しは前進したとおもっており、初めて水につかった者としては、まあまあだったのではないか、と少々、自信を持っていたようなのだ。

あまりのことに言葉も出なかった。溺れていることさえも自覚できないのである。頭が勝つと。「事前に説明を受けて、頭で完全に理解すれば、身体はきちんと動かせる」と考えていると、命も危ないということをおもいしった。(彼がおもいしったのかどうかは確かめてないのでわからない)。

頭は身体に勝てない。

身体が滅びると、頭も滅びます。事件はかならず身体に起こります。頭の中では起こりません。

ついでにふれておくと、泳ぎがまああ得意だとおもっていた私は、大学の選択授業で水泳を取ったら、これがおそろしく厳しく、毎回、まず、800メートルをクロールで泳がされた。それがアップである。800メートルが終わってから授業が始まるのだ。死ぬかとおもった。慣れるまで、何回も吐いた。授業で吐くとはおもってもみなかった。でも、毎週毎週、800メートルから始めさせられると（そのあとも泳ぐから毎回2キロ近く泳いでたわけだけど）、そのうち、カラダのほうが泳ぎ方を覚えてくる。というか、疲れないで前に進む方法をカラダのほうでわかってくるのである。「手を抜いて楽に前に進む方法」をカラダが求めて、それができるようになった。以降クロールで1キロ泳げと言われても別に苦痛ではなくなった。

子供のころから「長い距離を泳ぐのは平泳ぎ、短い距離を早く泳ぐのがクロール」だとずっと信じ込んでいた〝頭の支配〟を、「死にそうなくらいクロールで泳ぎ続けること」によって断ち切ったのである。頭の支配から自由になるのは、なかなかむずかしいことなのだ。でも、続けていればいつか身体が勝つ。頭の支配から自由になれると、とても気持ちいいし、楽しい。

何の話かって、文章の話だ。

文章を書くのと、泳ぎを獲得するのは、まったく完全に同じだ、という話である。事前に頭で考えたことだけを、さっと書けば、はい、一丁上がり、ということではないということだ。そんなことしようとしたら、その場でぶくぶくと沈んでいくだけだ。

実際に書かないとダメだ。

書いて、うまくいかず沈む。でも書く。

書く。また書く。とにかく野方図に書く。

書いて、書いている最中に制御が効かなくなったら、そこで怖がって止めずにそのまま書き続ける。また、書く。

それを続けるしかない。

「うまく書けないで悩んでいます」というのは、多くの場合、「一回でさくっとうまく書き上げようとしてるんですが、それがうまくいかないんです」というものだ。一回で、うまく書き上げる。そんなことが出来るわけがない。文章は頭で考えてもどうにもできない。

文章は頭の支配にはない。

もちろん、書くだけで、書きっぱなしだと、だめだ。隣にすごく親切で頭のいい編集者がついているのならともかく、そういう人はふつうついてないですから、自分で一度読み返さないといけない。書いた頭から冷めてから読まないと意味ないですからね。書いた興奮のままの頭で読んだらすべて「これは傑作だ」としかおもえないように頭というのは作られているので、できれば一度寝て、起きて、読む。時間を経てから読む。まあ、違うものをまとめていっぱい書いてから、あとでまとめて読むんでもいいんだけど、読む。

読むのは、また書くためだ。読まないと書けない。

人の文章も読まないといけないけど、自分の文章も読んで、読んで、また書く。別に細かくチェックして反省なんかしなくていいです。そんな面倒なことしてたら前に進めない。大事なのは、前に進むこと。

前に進むためにはどうするか。何でもいい。書く。書く。それも「明確な目鼻がついて声が聞こえてくる相手」を想定して、書く。書く。そうやって進んでゆくばかりだ。

8章　文章を書くのは頭ではなく肉体の作業だ

文章は、どんなものでも書けば自走しはじめるかというと、もちろんそんなことはない。

小学校のときに書いていた読書感想文は、どんなにがんばったところで、自分で走り出してはくれなかった。まさに呻吟の末、意味のわかる日本語を書いてマス目をひとつずつ埋めていったばかりである。先生は「喜んでくれそうな読者」にはおもえない。チェックする人だ。そんな読者しか持てない文章が、自走するはずがない。

自走しはじめる文章は、その文章に力がないといけない。

はたして、これから文章を書こうという人に、そのメカニズムを細かく説明してどうなるのか、ともおもうが、ただ、あまりこういうことを細かに書いたものを読んだことがないのでだいたいライターズハイ、というような表現で終えられていることが多いから、「とにかく書け、書くとこうなる」ということを示すために、説明しているわけである。

いましているのは「自走する文章としない文章の差」であり、それはまた書く文章の方向性の問題でもある。

自走する文章を書くには、「誰に向かって、どういうことを書いているか」が意識されているときだけ、である。

何となく、誰にも向けずに書いているものは、そこにとどまったままの文章である。そもそも、そこにあるメッセージが、どこの誰にも向かっていないからである。

13世紀に常陸《ひたち》の国から急ぎ京へと上り、地元の者たちに師の真意を伝えようとして師匠の言葉をメモした文章（歎異抄）には、千年を越えて人に伝わる力が籠っている。（まだ千年越えてないけどさ）唯円《ゆいえん》の「聞いたことを伝えないと」という切羽詰まった心情が、文章に深く根付いていて、師親鸞《しんらん》の言ってる内容を越え、唯円の心持ちが迫ってくるのである。書き漏らしても、あとでメールで聞き直せばいいや、という気持ちがないから、ですね。この気持ちは21世紀になっても同じ。でないと、学校という「強制的に同一空間に人を集めて話を聞かせる」というシステムが強固に守られ続けるわけがない。

†28歳、よく笑うユリエちゃん

誰に向かって、どういうことを書いているかが意識されている文章。

大事なのは、「誰に」である。どういう文章かというのは、あとまわしでいい。内容なんかどうでもいい、ということである。

誰を、どうしたいのか。

「28歳のよく笑う女性：ユリエちゃん」を、読んで、楽しい気分にさせたい、できれば笑わせたい。

そういう意思です。これは週刊誌で文章を書いているときの私の初期設定である。

大事なのは、その初期設定と、おもいの強さである。

若い女性を楽しませたい、ではない。28歳の目の大きい背の高い元気でよく笑うユリエちゃん、である。きちんとリアルに像を結ぶ。うちの初期スタッフである。最初は、本当に私の文章を読んで目の前で笑っていたから、だ。うちのアルバイトをやめたあとも、そのあとももちろん私の連載を読んでくれているだろうから、今週も彼女が笑えるように、とすごくリアルに想像していたばかりである。

最初の誰にどう書けばいいのかを迷っているときに、そういう偶像的存在がとても大事で、途中、調子がつかめてきて自分で自分の文章を読めばどう書けばわかる時期は、さほど強く想起していないけれど、でもまた、何かゆきづまったり、これをどう書けばいいのかというようなことを迷ったときには、また、彼女がどうおもうか、を焦点に定めて書き出すということである。

誰に、というのがほとんどすべてだ。

テーマというかネタ探しも、これだと彼女は笑ってくれるんじゃないか、というところからスタートできる。

目的は、彼女を笑わせること、である。何を書くかは、見合ったものを探し出してくるしかない。ここに「自己表現」は存在しない。おれがいま抱えている深刻な問題をぶちまけて、そして彼女を楽しませようって、それは無理ですね。いったん、自分の内側の大きな問題は捨てて、とりあえず食べるものを探すように、テーマを探すしかない。「何だ、彼女が喜びそうなものは何だ」、テーマはそこから考え出すということだ。「書きたいことがあるから書く」というレベルではないということだ。そんなものは毎週書いていれば、早晩、なくなる。そもそも何が書きたかったかなんて、自分でもよくわからない。自分を表現したいわけじゃない。自分を知ってもらいたいわけではない。「ユリエちゃんを笑わせたい」というのがすべてなのだ。そしてユリエちゃんとは、彼女ではない。「読者」の代表であり、その偶像、なのだ。でも、空想上の存在ではなく、いまでも実際にいるし、メールすれば返信があるし、話すといまでもげらげら笑う。そういうリアルな存在なのだ。

何を書くのかを考えるとき、若い女性の好きなもの、と考えると、すごく茫漠としすぎている。

†おっぱいのことをどう考えている

〝若い女性〟を読者としておもいうかべてるのなら、具体的に考えるためには、「おっぱい」のことをどう考えてる設定になっているか、を考えるといいとおもう。

わが社会の20代の女性にとって、おっぱいの問題は看過できない。大きければ大きい悩みがあるし、小さければ小さい悩みがある。おっぱいを強調する娘もいれば、極力、隠す娘もいる。千差万別。乳房に対する考え方は、女性それぞれの数だけ存在する。

だから「おっぱいのことをどう考えている娘」に向けて文章を書いているのかを明確に意識できるか、ということである。友人なら知っているはずだ。漠然と何も考えずに、大きいからいいとおもってんじゃないか、という程度の知識で接するとあとでひどいめに遭うことになる。具体的に読む相手を決めるというのは、乳房に関する知見を一定にする、というような意味である。

「若い女性全般」では、そこが絞れない。文章も絞れない。

ドリトル先生、クマのプーさん、ピーターパンなどの児童小説は、やはり最初に「お話をせがんだ子供に向かって、その場で作って話した物語」がもとになっている。読者が明確な作品が、実は逆に広く受け入れられる可能性がある、ということになる。

また「私の話を聞いてください」は、どこにもいかない、というのもわかる。

「私のいまの苦しい状況を聞いて欲しいんです」という文章は、それは読者を想定しているとはいってもそれは「この人なら私の話を聞いてくれるだろうという期待」でしかなく、それはその人の心を動かしたいから話しているわけではなく、自己救済のために話しているばかりである。それはたしかに聞いてくれるかもしれないが、届きはしない。そしてやさしくない読者は聞いてもくれない。ほぼすべての読者はやさしくない。

「私は実の母と異様に仲が悪く悩んでおり、また、その母の影響だとおもわれるけれど、とにかく人に対して見栄を張り続け、本当の自分じゃない自分ばかりを見せ続けているんだけれど、こんなの本当の自分じゃないし、こんな私のいまの友だちだって本当の友だちとは言えない。どうしたらいいんだろう」

なんてやつです。これを小説のテーマに据えて、延々と書いていたりする。それもひたすら会話が続くばかりで、会話だけで小説書いてちゃだめですね。

伝えよう、何とかしよう、という心持ちがきちんと作動して、書いている最中もずっと抱いていると、文章は事前に考えていたことを越えて、勝手にいろんな表現を選び始める。書くのがおいつかなくなる。ひたすら浮かんだことを書き続ける。

文章がみずから動き出す。

もとは「伝えたい、何とか心を動かしたい」と本気でおもって、リアルに相手のことを考えて、届く文章を書くことにある。

相手をよく知らないといけない。

だから〝恋する相手〟は設定として、あまりよくない。

付き合ってけっこう時間が経っている恋人ならいいのであるが、一、二度しか話したことがなく、相手の考えていることを実はよくわからなくて、その好き嫌いも漠然としか知らないような相手を想定して書いたところで、それは自分の中の想像の相手に書いているのと変わらない。あまりよくない。

だから、友人がいいのである。異性の友人というのがかなりいいのだけれど、そうもいってられない。仲がいいなら、母とか、妹とか、従姉妹とか、叔母とか、そういう存在でもいいかもしれない。仲がいいなら、ね。

文章を書くことは頭脳では支配できない、ということであるし、頭脳だけで書こうとすると失敗する。

「事前に考えてなかったおもいもよらぬこと」をどれだけ書けるかが、文章での勝負となってくる。

意識してるものだけで書かない。

無意識のものまで動員して書くと言いたいところだけれど、そんな大変なものを引っ張り出してくるんではなく、「忘れていたことをおもいだして書く」というのでいい。いつもおもいだしてる表層の記憶ではなくて、ここんところ忘れていた奥のほうの記憶がふっと浮かんできて、それを使った、というあたりが、「おもいもよらぬこと」の正体である。

この作用じたいには、プロとアマの差はない。夜中になんか長い文章を書いていると、何かに取り憑かれたように、おもわぬ内容のものを書いてしまった、という経験がある人もいるはずだ。

ただ、それをどこまで意識的にやるか、制御できない状況をどうやって繰り返し出現させるか、というところに差が出てくる。それは仕事だから、その状態を作り上げることが毎日の作業だから、きちんと作り出そうとしているのが、プロである。出そうとしてはいるけど、なかなか、おもいどおりにはなりませんが。

文章を書くことは、きわめて肉体的な作業だ。

プロの文章書きになるには、人並みはずれた体力があったほうがいい。

ま、肉体的接触があるわけではないので、プロ野球選手やプロレスラーのような巨大な体軀《たいく》は要らないけれど(彼らは身近で接するとたしかに尋常じゃない体力があり余ってるのがよくわかります)、でも「ふつうの人よりは病弱なんです」というのでは、なかなかライターは勤まらない。

一ページのコラムを年に一回だけ書くとか、専業主婦のかたわら年に二回ほどエッセイを書けばいいというような、まあ趣味の範疇《はんちゅう》なら、さほどの体力は要らないだろう。集中力だけで乗り切れる。(体力がないうえに、集中力もないと、ちょっとむずかしい)。

でも職業としての物書きになるには、つまり何年にもわたって物書きであり続けるには、ふつうの人よりもかなり元気、という体力が必要である。

毎日、文章を書き続けるには、すごく体力が要るのだ。

そもそも、自分のあり余ってる元気をその原稿に注入して、向こう側にいる人にその元気を届けたいという、そういう心持ちでないと、なかなかおもしろい文章は書けない。人を動かせる文章は書けない。

体力のない人は、まず体力をつけるか、もしくはその体力に合わせた文章発表量で（寡作作家というやつですな）やっていくしかない。

だから、文章を書くのは老人向きではない。

定年退職して、そのあとが時間たっぷりできたら、よし、何か書こう、なんておもってる人がいるなら、もうそう考えてる時点で〝人に読んでもらえるもの〟が書ける可能性がかなり低いですね。だめだよそんな考え。いま書け。いますぐ書き始めなさい。「いや、いま忙しくて時間がないんですけど」って、あんたは中坊か、そんなものは何とか作れ。ゆったりとした環境としっかりした余裕がないと書けない文章なんてものは、墓場の飾りくらいにしか使えない。生きている状態で生きている文章を書け。いま書きなさい。

これはライター商売をしていてもそうなんだけれど、もう限界だというくらいに仕事が立て込んでるときのほうが、おもしろいものを書ける。じっくりと時間を取ってしっかり構想をたて、きちんと推敲を重ねたときには、まあ、見事につまらないものが上がってきますね。おれはそうだ。おれだけかもしれないけど。

これはつまり〝頭VS身体〟の問題です。

すごく忙しいさなか、じっくり座ってもいられないときに書いたものは、〝頭〟の準備もチェックも、あまり入らない。追いつめられて、でも何とかしなきゃというときに書いたものは、仕上がりはときに雑であるけれど、その発想や展開や勢いに驚かされることがある。(急ぎすぎると雑さが目立ちますけど)。

これは〝身体〟の勝利。

身体が勝つと、いいものが出来ます。

すごく時間が切られたとき、もう、この時間内にほんとうにどうにかしなきゃいけないと本気でおもったとき、いわゆる火事場の馬鹿力が出てきて、おもいもよらぬものを書いてしまう、ということ。

頭の回転が異様に早くなって、この危急の事態をどうやって切り抜ければいいのか、記憶の検索速度がおそろしく早くなって、その結果いろんな新しい方策が提示されてる感じがします。

忙しいときのほうが頭を無駄なく働かせて、出来がいい、ということです。

〝頭〟をスポーツで判断するような使い方をしてるってこと。サッカーの試合の最中の選手の頭の中と同じ。「言葉にする前に頭がいろんな決定をする」という動きであって、言葉にしない決定はすごく大事です。動物的だというところが。

「言葉にしない決定を、言葉を書く現場で行う」というのが、わたしのいう理想の書き方ということになる。すごく大変そうだし、理屈で言ってもわかりませんね。理屈で言ってわからないって何、とおもうのなら、いくつか書いてから、また見直してください。

†個性は身体にしか宿らない

文章にとって大事なのは勢いです。私はそうおもう。意味よりも勢い。内容よりも大事ですね。プロとして考えると。書いてる内容よりも、勢いが大事。それが文章が持ってるもっとも大きな力だから。文章をきれいにブラッシュアップして、どんどん正しい日本語に直していったところで、角を矯《た》めて牛を殺すということになります。牛としてはたまらない。

これは経験則です。

「丁寧に直すと、ろくなものにならない」

きれいに仕上がるが、勢いがなくなる。

文章に大事なのは、きれいさか、勢いか、ということだ。

まあ、日本語として正しいし、きれいな感じだけれど、なんか、言ってることはふつうだね、という感想を抱いてしまう。

頭が制御して到達しようとしてる世界は、なぜか〝標準〟です。

頭はほうっておくと、標準をめざす。それは、頭はとにかく「みんなとの共有できる部分をどれだけ増やすか」という訓練ばかりさせられてきたからですね。

標準はわかりやすい。見ていて安心する。そのかわり、どこにも個性はない。

そもそも、これから書こうとしてる内容なんて、さほどに目新しいことではない。真のオリジナルではない。少しは目を引くものを意識してるが、全人類に衝撃を与えるようなものを書いてはいない。全人類に衝撃を与える言説なんて、この世に存在しないし。言ってしまえば、ちょっとした刺激程度のものである。

それでも人に読んでもらえるとしたら、「その文章の持ってる力」によるものだ。

知ってる内容でも、表現が珍しいと読む。自分の頭の別の部分を刺激されてる気がするからだ。

それが個性。個性は身体にしか宿らない。頭で考えたことには個性は宿りません。頭の中が個性に満ちていれば、社会と同調しにくく、おそらく狂ってしまいます。頭の中は、狂わないようにする調整システムが強固だから、つまり社会と同調しようという方向で動くのものだから、個性はない。

個性は身体にしか宿らない。

身体は、みな、ちがう。おっぱいの大きさはみんな違う。そこに個性はある。

文章の個性は、だから、書いている内容ではなくて、その表現のしかた、にある。文体、と言ってしまえばそういう言葉でもあらわせるが、すでに文体という言葉にはいろんな思念がまとわりついているとおもわれるので、ここではその言葉を使わず、表現のしかた、と書く。

仲間5人で花火をやって、その花火についてそれぞれが書くと、まったく違うものができあがる。5人でテーブルを囲んで、真ん中に花瓶を置いて、描写させてみても違う。たぶん、絵を描かせたほうが似る。文章のほうが似ない。

同じものを伝えようとしても、その伝え方は変わってくる。そこに個性がある。

火事のとき。「逃げろ」と伝えないといけないとき。

「逃げて逃げて逃げて」とだけいうおばさん。

「火事だ、火事だ、何も持つな!!」と言うおじさん。

「うわ、やば、うわ、うわ、外へ、外、外」とうなるお兄ちゃん。

「落ち着け、落ち着け、火事だ、隣が燃えている、火よりも煙が怖いぞ、煙だ、煙は避けるんだ、わかったな」と繰り返すお父さん。

みな、違う。情報化して、単純に言えば「火事だ、逃げろ」。でも、そう言う人はいない。それが個性。個性は獲得するものでもなく、主張するものでもなく、自然そのままに出てくるもの。

文章の個性も同じだ。

表現の仕方による。そしてそれは頭で統御されてないもののほうが、勢いがあって、人に届く。

学術論文は、あまり文章上での個性を出さず、ひたすら堅実な叙述を重ねて、内容で勝負しようとして、とても固い文章で書かれている。

そういう斯界《しかい》の権威が、一般向けの新書を書いたときに、これがまあ、頭で制御されて、おっもしろくもなんともない新書を書いてきて、新書の担当編集者を悩ませることがあるらしい。論文ならこれでいいんですがね、先生、これ、新書なんで、もうちょっとふつうの人に通じるような表現にならないですかね、柔らかい表現できませんか、と注文したくなる。先生、なかなか、聞いてくださらない。(あ、わかった、もうそっちに全部まかすよ、ということもある、らしい。あくまで伝聞)。

頭で制御されきった文章で書かれた新書は、だから担当編集者が、あっちゃーと声をだしてしまう文章なんですね。金とれねえよこの文章じゃ、というのが編集者側の本音で、死んだってそんなことは先生には言えません。そもそも先生の頭にあるのは、ふつうの読者ではなく、学会方面だったりして、それはなかなか厳しいものが出来上がってきます。

†落ち着いて書くな

時間かけると、つまんないものに仕上げるというのは、そこにある。

動き回ってるとき、すごく忙しいときの時間は、自分のために使われておらず、いろんな社会や場のために使っていて、そういう人の書く文章は〝他人〟を意識されて書かれている。でも、じっくり引退してから余裕をもって書くと、まあ、ゆるいです。だめでしょうねえ。はい。だめです。

定年退職してから書こうなんておもってる人は、忙しいいま、書き出しなさい。でないと一生、きちんとしたものは仕上がらない。書こうとおもった瞬間に書かないと、神様が鼻で笑って、去ってゆきます。おれは、その、神様が鼻で笑うのを何度も目撃してます。だいたい若いほうが体力あるし、体力ないと文章は書けないし、弱ってから書いたものは、誰も読んでくれないよ。社会に参加してるうちに、なんか書きなさいってさ。

明治の文人たちは、病弱で若くして死んだではないか、体力なくても文章は書けるんではないか、とおもうかもしれないが、彼らだって、体力がなかったわけではない。名を残している文人たちは、おそらく人並みすぐれて体力があったはずだ。体力があるのに、不治の病におかされるから、元気のでどころがなくなって、狭い出口から噴出するように、その人並みはずれたパワーが溢れ出たものだとおもわれる。でなければ、樋口一葉、奇跡の14カ月、その代表作ほぼすべてを1年2か月で書ききれるわけがない。人並みはずれて体力があるのに、不幸にも不治の病を抱えてしまって、残された時間を意識して、もしくはなぜかそれを予感していて、一気にパワーを噴出させたのだとおもう。


落ち着いて書くな。

じっくりと時間かけて書くな。

それでは頭が勝ってしまう。

頭脳が文章を制御しはじめる。そんな文章、おもしろくもなんともない。


だから、私は文章を書くときに、なるたけ「落ち着けない状況」をつくり出す。

とはいえ、満員の山手線の車両内では書きにくい。というか書けません。身体的に窮屈なのは、なかなかむずかしい。

身体的にはラクにして、ただ気持ちのうえでは落ち着いていられない状況をつくり出す、ということをする。

「締め切り」は落ち着かない心持ちをつくり出すのにすごく有効です。

古来、締め切りがなければ、名作は生まれないとまで言われてるくらい、この「追いつめられる」ことは大事です。

不治の病は、これは人生の締め切りですね。残り、書ける時間が明確に限られていて、そのあいだに何とかするしかない。締め切りがあっても守れる人と守れない人がいるように、不治の病にかかったからって、誰でも書けるわけではなくて、それは人によりますが、でもたしかにそういう状況に追い込まれたからこそ、残る作品を書けた作家というのはいました。でも、書くのは体力勝負だから、ほんとに発病してからは、あまり書けないんだけど。

自律的な作家は一日の作業時間を制限して、その時間で集中して書くようにしている。それぞれみんな「カラダはラクに、気持ちは前のめりに」という状態を取ろうとしてるんだとおもう。私の奨める「落ち着けない状況」というのは、「前に進まなければ」という気持ちが強くでる状態のことを言ってます。それは個人個人で、まったく違う形を取るものので、でも、そういう状態を作り出すことが、ものを書くときに重要だというのは共通のことですね。

9章　踊りながら書け

身体的にはわりと余裕がある状態で、でも気持ちのうえでは追いつめられてる状態が、ものを書くにはいい。

でも、精神的にすごく追いつめられてしまっていてはいけない。

雑誌の連載を、ある程度のレベルを維持して続けていくポイントは何ですかと聞かれて、そのとき考えておもいあたったことはひとつ。

「最後は何とかなる、と楽観的でいること」

それだけですね。

つまり「時間的に追いつめられている自分を、精神的に否定的に追いつめないこと」が大事なのだ。

連載していて、何回か書いているなら、いままで何とかしてきたんだから、何とかなる、と考える。プロになって初めての仕事でないかぎりは、いままで何とかしてきたんだから、何とかなるさ、と考えることが大事です。

　こう考えてるときの「最終的に原稿を何とか書き上げてくれる人」はちょっと他人のようです。自分なんだけどね。なんか他人的存在。

　だってその時点で「何とかする人」に変わっていれば、原稿にかかりきりのはずである。どうしようなんて考えてないで、自分が想定している具体的な読者をどうやって心動かすかということに専念しているはずだ。スイッチオン状態。どうなるんだろう、とぼやーっとしているのは、まだ自分がその状態にうつってないということで、スイッチオフ、いまうつってないのはちょっとやばいんだけど、いやでも、やがて何とかする人がやってくるから、待ってるしかないなー、と、ほんとに他人のことのように考えている状態。

　そういう感覚です。

　わかりやすく言えば、「何とかなるさ」という楽観性を持ってないと、雑誌の連載、とくに週刊誌の連載という、7日ごとに〝おもしろい文章〟を書き続けることがなかなかできない。

　ま、どうにかなるさ、という考えは、どうにかならなくても、命まで取られるわけじゃないし、書けなくてもあとは何とかなるだろう、という、そういう気楽さにも支えられている。気楽さを持ってないと、なかなか難しい。

言ってしまえばそれが「雑誌の連載における大事な資質」でしょう。文章書きとしての資質ではなくて、この場合は雑誌連載の資質、です。楽観的なやつじゃないと、あまり雑誌書きには向かない。

職業的な物書きであるかぎりは、いくつもの文章を書いてそれで原稿料をもらわないといけないわけで、その場合、やはり締め切りが立て込んでくるということにはなる。締め切りが立て込んでこないライターは職業として成り立ってないわけで、立て込んできたとき、もっともいけないのは「あ、だめだー、無理だー」とおもってしまうこと。無理だとおもったら本当に無理になります。いや、何とかなるだろう、とおもわないと、難所を乗り越えられない。

何とかしようという人は、頭で考えるよりも、先にカラダを動かす。

頭で考えると、推論のうえに推論を重ねて、結局はもとから自分のもってる思念を強化しているにすぎない。頭を使っているように見えて、何ひとつ考えてないということが多く、その場合は、とにかくカラダをまず動かしたほうがいい。

むやみに走り出すんではなくて、まず、身近で確実にできることからやっつけていくのがいいのである。目の前の何でもないことから始める。だから締め切りが迫ってくるとついつい片付けを始めてしまうわけだけど、それは、間違ったことをしてるわけではなく、ぐるぐるぐるぐるとまわりながら頂上を目指してる行為なのだ。ただ、往々にして、片付けが本格化して、途中から何のためにやっているのかわからなくなるというのが大きな問題ではあるのだが。

このたぐいのエピソードで好きな話は、執筆のためにホテルに館詰めになっていた大江健三郎を編集者が訪ねると、懸命にバスタブを掃除していた、という話ですね。そんなことはあなたがやらなくても、と言いたくなるけど何も言えない、というところが好き。

†立って書く

私が一番最初に書いた本は『ホリイの調査』という本で、これはいくつかの雑誌に連載したものをまとめたものだ。

この本を私は立って書いた。

一冊まるまる立って書きあげた。

ちょうど、ワードプロセッサーで書くのがだんだんふつうになりはじめていたころである。雑誌の連載はワードプロセッサーで書いて、ただ、メールってないですからね、それをプリントアウトして、ファクスで送っていた。

でも単行本は手で書こうと決めて、手で書いていた。

ちょうど壊れたコピー機があったんで、ふつうの机の上にそのコピー機をおいて、その前に立つと、ちょうどいい高さの〝立ち机〟になった。原稿用紙をそこに置いて、立って書いた。

なんで立って書いたかってえと、座ってられなかったからだ。

座って書いてる場合じゃないだろ、とおもったからだ。

すでにもとの原稿はある。それを、いわば編曲するように、トーンを統一して書き直していく。ゆっくりと時間かけてやることじゃないだろう、ざっと勢いでやっつけてしまわないといけない、時間もない、(同時にスキーの本もかきおろさないといけなかった) だから、立って書こう、どんどん書いていこう、と立って書いたのである。

音楽もならしていた。80年代ポップソング。おもにレベッカ・ライブ。あとはときどきプリンセス・プリンセス。聞いていて、じっとしてられない音楽がよかった。1985年クリスマスのレベッカ・ライブ、NOKKOのリズミカルなボーカルを聞きつつ、だいたいフリーウェイ・シンフォニーとフレンズを繰り返し繰り返し聞きつつ、足踏みしつつ、踊りながら書いた。

立って書く。音楽を聴きながら、そのリズムで書き進める。

とても心地よかった。いまだって可能なら私は立って、踊りながら書きたい。それが書いてるときに楽しいし、また、楽しいものが出来上がるからだ。これは私の方法だけど、そしてあきらかに「落ち着きのない人」の方法であるとおもうけれど、でもこれがしっくりきた。フランスの文豪も、立って書いていたらしい、という話をそのころに聞いて、その後、確認したことはないのだけれど、でも、そうだよな、長編小説であろうと、おれみたいな性格の人は立って書くのがいいよな、とおもったものです。

立って書くくらいの元気がないと、元気が本の中に注入されないっす。

寝ながら書いたものは、寝て書いた生理が文章の中に息づいている。

立って書いたものは、その勢いが如実に出る。おれは、勢いで書いてるものが好きだ。ゆっくり考えて、しっかりした考えがでてきてるものも書いたりすんだけど、でも何というか、ちょっと違う感じがして、やはり勢いで書いたものがいい。ゆっくりしっかり3年ほどかかって考えに考えて、10日ほどで一挙に書き上げるのが、新書の書き方として、もっとも合ってる。(でもその方法は、ほんと、担当が死にそうになりますからやめてください、とは言われた)

その後、まるまる立って書いたことはない。立ち机もなくなったから、それはおもにキーボードを叩いて書いてるからでもあるが、とにかく座って書いている。が、音楽を流して、ちょっと浮き足だって書いている。いまでもときにフリーウェイ・シンフォニーを聞きながら、その心持ちを言うなら、「踊りながら書いている」。

踊りは、また、神の招聘《しょうへい》でもある。ほんとはちがうけど。でも、祝祭での踊りはつきものであり、踊ることによって、神に近づくことは可能だったのだろう。シャーマンな気分になるためにも、ふつうの自分でなくなるためにも、踊りながら書くのは私には有効なのである。

みんなも踊りながら書けばいいのに。

でもたぶん、これを読んで原稿を書こうとしてる人の大半の人は立って書かないだろうし、踊りは有効ではないんだろう。残念なところだ。

そういえば、酒は飲まない。酒を飲んでからは、文章をまず書かないですね。

酒を飲むのは酔っぱらうためで、酔っぱらってから仕事してどうすんだよってことですけど、そういう酩酊状態は、文章を書くのには無制御すぎるわけで、ある程度、制御されたなかでの攪拌《かくはん》と飛躍が大事なわけです。

いやまあ、飲んで書かないのは、おそらく飲むのが好きすぎるからですね。酔っ払った状態が好きで、その時間を仕事に渡したくない。

さほど汎用性がない「踊って書く」という話をなぜわざわざしているかというと、文章は「身体から絞り出されるものだ」という話を強化するためである。

文章は、頭の中で考えていても、前に進まない。

考えるのは、動きながらにしてくれ。

実際に書きながら考え、前に進みながら考え、動きながら書くしかない。

アマチュアの書き手が「じっくり腰を据えて書こう」とすると、まず進まないものであり、完成されてもすごく退屈なものになるのは、そこが原因だ。

アマチュアながら文章を書いてやがてプロになっていく人の特徴は「忙しいさなかでも書き続ける」というところに尽きる。

そのような状態でも書けるというタフさの問題でもあるし、頭の別の部分を使う作業を同じ日のうちに切り替えてできる、ということでもある。

働いておそろしく忙しいさなかであろうと、人は布団を敷くことはできるし、風呂に湯を入れることはできるだろうし、ときにはご飯を炊くだろうし、あと片付けもやるだろう。

(それもまったくやれないのよまったく、という人がいるなら、それはちょっと生活そのものを見直したほうがいいです)。

文章を書くのは、そういうカラダを使った「仕事」と同じなのだ。ご飯を炊くとか、掃除するとか、コンビニに電話料金を払いにゆくとか、洗濯物を取り入れるとか、そういう「仕事」。金をもらえるものじゃない仕事。でもやんなきゃ日常が進まない仕事。金をもらえるものばかりが仕事じゃないですからね。アマチュアにとっての文章も同じレベルのものなので、つまりは束の間の時間しかないのに、それでも何か書けるか、というところがすべてなのだ。

†お話はお話

自分のことを考えてみると、私は書くのが業になっているようなところがある。

もちろんプロだから、書けばお金はもらうのだけれど、お金が出なければ書かないのかというと、そんなことはない。どこかに載る文章だったら、人が読んでくれるものであれば、お金が出なくても書く。いまでもふつうに書いてる。

たとえば、草野球の結果のお知らせ。

月2回ほど草野球をやっているが、その草野球試合の模様について、その日参加してなかったメンバーや、場所取りに協力してくれているみんなに、試合の模様を伝えたい。べつに知りたくないと言われようと伝えたい。

それはいきなりピッチャーのヒトシが試合直前に「おれ、左投げになったんですよ」と左投げ用のグラブを見せてにやっと笑って、マウンドに上がって左で投げ始めるけど、突然、ああ、と叫んでベンチに走って戻ったかとおもうと右投げのグラブに変え、右投げに変更して、そんなことするから立ち上がりで10失点も食らってしまって、ぼろぼろに負けた、という不思議なことが起こるからだ。そのことをぜひ、みなさんに知らせたい。

その昔90年代は「草野球新聞」を作ってみんなに送りつけていたし、いまではブログとメールでお知らせする次第です。金なんかどこからも出ずに、どっちかってえと金が少しかかったりするんだけれど、それでも書いてしまうし、書く限りは雑誌に載せる文章と同じように力を入れて書くし、「週刊誌の文章よりおもしろいですね」なんて言われて、複雑な気持ちにもなったりする。

金ももらわないのに、プロなのになぜ書くのかといえば「そこに伝えたいことがあるから」です。しかも、右利きのヒトシがいきなり左投げに挑戦するもんだからうちのチームはぼろぼろに負けた、というような、どうでもいいような、でも誰かに話したい心持ちの話がそこにあるから、ですね。

事実や、試合の結果がおもしろいんではない。人がおもしろいからです。そのさまを伝えたい。

満塁なのに2塁から3塁へ盗塁したツヨシの話とか、(3塁ランナーがびっくりして離塁してアウトになり、当のツヨシはセーフだから、あろうことか盗塁1の記録がついてしまった）、伝えたくて、伝えたからどうってことではなく、でも伝えたい。

ここんところの私は、落語の世界に深くかかわってるために、その地平からいまの社会を見直していたりするのだけれど、落語には著作権はない。落語は誰のものでもない。共有財産であって、その噺をやる権利は「先輩からきちんと口伝えで教わった」ことだけである。後輩でもいい。近年はその部分も、CDやらいろんな録音があるから、許可を得ておけばいい、という緩さになっている一門もある。（それはだめだとうるさい一門もあります）。

つまり、お話はお話なのだ。

お話を他の人がやったからって、だれかがなにか損するわけでもない、という考えに、おそらく日本の緩やかな社会に残っている共同体の気分がある。

人生にはお楽しみが必要だし、お楽しみという分野で、個人の権利とか著作とか、オリジナルとか、そういうものを主張するものじゃない。そういう緩やかなアジア的空気に囲まれているのが落語世界で、そのことに少し気づいた人たちに最近少し関心を持ってもらえていて、うれしいです。19世紀以降、ヨーロッパの理屈が世界の標準となっているから、それとの折り合いはつけないといけないけれど、だから著作権の問題については表面上ではやりとりされています。けれど、日本の奥深くに根付いているヤマト共同体の気分としては、著作権についてはいちいちとうるさく言うのもどうかなー、とおもっているわけである。

落語の名人として名を残している人は、新しい落語を作った人ではなく、すでにある演目をどう見事に演じたか、というところで評価されている。(唯一の例外は三遊亭円朝くらい。この人はいっぱい落語を作った名人です)。つまり同じ噺を違う演者で聞くのが楽しいわけである。そういう差異だけで人はじゅうぶん楽しめるのだ。

常に新しいお話を求めて、新しい話でなければ許さず、これ、前にも見たパターンじゃん、なんて批評を繰り返していても、それは物語に対する評論ではなく「物語を通して得られる刺激」に対する評論にしかなっていない。

†先陣を切っても売れない

企画も同じ。

単行本の企画を考えて出すとき、もちろんタイミングもとても大事であるけれど、でもその企画じたいがおもしろければ何とかなる。

まだライターとして駆け出しのころ、単行本を単独でまだ出したことがないときは、自分の考えた企画を「人に先にやられたらまずい」とばかり考えていた。

つまり、自分のオリジナルであることを保証するには、先に出すしかない、と考えていたからです。でも、そんなことはない。

もちろん「本を出版するタイミング」は大事であるが、タイミングを逃したらダメだと考えるのもおかしな話である。誰も気づかないうちに早く早く出しましょうよ、なんて企画でせっついたけれど、あとから冷静に振り返れば、その早さは、本の売り上げとそんなにリンクしているわけではない。

若いときには「とにかく世に早く出さないと手遅れになるし、似たようなものを先に出されると二番煎じだとおもわれる。後塵を拝したくない」と考えてしまうんだけども、大丈夫、人は「切り口」にだけ金を払ってるわけではない。

話し振りやら、説明のしかたやら、どうやって話をまわしてゆくのかという展開の仕方なども含めて、人は文章を読むし、金を払うのである。

少々遅れても、あなたの文章が世に受け入れられる力を持っているのなら、世の中はそんなに馬鹿じゃないです、たまたま重なっただけですね、というのはきちんと見分けてくれる。

売れた先行商品があって、それを見てから流れに乗っかろうとして書いたものと、それとは別に最初から準備していて、たまたま出る時期としてあとになったものと、そんなものはきちんと見分けます。後塵を拝したから売れなかった、とおもいたいのはわかるが、それはおそらく、先陣を切っても売れませんね。たぶん、その売れたものの前宣伝のようになっていただけでしょう。

売れる売れないは、企画力とか文章力とかとはまた別の神様の担当になっている。神様がかなり気まぐれな順番で選んでるだけです。繰り返しエントリーして、待っているしかない。不貞腐《ふてくさ》れずに待ってると、不貞腐れずに待ってるコンテストをやってたかのように神様がやってくることがあるんで、まあ、腐らずこつこつとやってるしかないです。

物語は人類共有のものである。

文章に書かれるものはすでに誰かがどこかで話していたものであって、それと同じものを書くのを恐れてはいけない。

自分のカラダを通して私が語ると違うものになる、という感覚をきちんと抱いて、進めていくしかない。

〝お話を共有する〟という覚悟の問題である。

個人の存在と権利を主張する気持ちはわかるけれど、しょせん、人類共有フォルダからもお世話にならないと話は進められない、ということである。個人を主張してるだけでは、たぶん、誰も話を聞いてくれない。

おもしろい話を人にしようとするときは、「その話本来が持っているおもしろさ」がきちんと伝えられるかどうか、だけが問題である。そこにしか問題はない。

希望としては、聞いた話を越えて、よりもっとおもしろく伝わらないか、という野心はあるが、これはもとのおもしろさをきちんと再現したうえでのデコレーション、という感覚ですね。盛ってる感じ。それをやると、よく真面目な女子に「うそつきなんだから」と怒られるんだけれど。

そのとき、その話をしてる〝おれ〟がおもしろくないですか、おれがこの話してるからおもしろいんじゃないですか、なんか〝おれ〟おもしろいっすよね、という意識を大きく前に出しながら話をされると（たしかにそういう人っていますからね）、これはすごくおもしろくないですね。話があまりおもしろくないうえに、その話者がうざい。もっと自己主張を抑えて、その話のおもしろいところをうまく伝えてくれんかね、ということになる。

会話だとわかりやすい。でも、文章だと、そういうポジションを自分でとってもわかりにくいし、ときにはそれでもいいんじゃないかと考えてしまう。

ちょっと違うパターンもある。こっちは女性に多い。

「おもしろい話があるのよ、このあいだね、あはははは、私の友だちのユッコが、うっふっふ、ほんと、おもしろいのよ、笑っちゃうから、うっふふ、ユッコが男にナンパされたって話を、うっはっはっはっはっは、笑っちゃうから、はっはははは」。

おまえが笑うな。いいから、もう、おもしろくなくていいから笑うのをやめて、話を進めてくれ、という気分になります。おもしろい話をするときに、本人が笑いながら話してはいけませんね。知ってるかそんなこと。

これも、自分が前に出てきてしまう、という点では同じ。

人類共有フォルダに入っているはずの〝おもしろい話〟をただお伝えするという気持ちがなくて、その話の前に「おもしろがってる私」が消せない、という点で、残念ながらこれも自己顕示です。おもしろがってる私が消せなくて困っている、というのは、触媒の心持ちが薄く、話してる自分を忘れないで欲しいというメッセージを送ってるわけで、まあ、人が笑ってると楽しいからいいんだけど。

日常の会話だと、人のこういう欠点はすぐにわかるし、多くの人は何とかそういうのを避けようとする。まあ、空気が読めれば、すぐに習得できますね。

文章になると、それはむずかしい。空気を読もうにも、空気が存在しないからね。だから急に、私が、自分が、我が輩がおいどんが、と話者がどんどん前に出てきてしまう。「会話はみんなのもの、文章は自分のもの」という間違った認識を抱いてるからだろう。「文章は自分のもの」は「文章は自己表現できるもの」という悲しいおもいこみにつながる。

〝長距離を泳げるのは平泳ぎだけ、クロールはスピードを出す泳ぎ方なので短距離にしか向いてない〟という勝手なおもいこみによって、私が自分の身体までコントロールしていたように、頭が勝って、自己表現ごっこに終始してるのを見かける。打ち破るには、実際にカラダを使うしかない。

自己表現しなくていいです。

自分は、自分は、と言わなくていい。おもしろい話を笑いながら話さなくていいから。おのれを殺して、ただひたすら「聞いてもらいたい話をよりおもしろく伝えること」だけを念頭に考えて書けばいいのだ。読んでる人は、誰が書いたかを気にしない。それがいい文章だ。

読者は気にしないけれど、編集者はそういう書き手を探している。物書きも、そういう〝表面に自分が出てきていないのにとてもおもしろい文章〟にはすごく敏感である。運がよければ、早晩、どこかに引き上げてもらえるかもしれない。

文章がいいとか、これは名文だとか、心に残る文章とか、そういうたぐいの評価がどうもヤクタイもないものであり、自己撞着《どうちゃく》に陥ったものであり、自己撞着を正当化するための道具でしかなかったりするのは、そういうところにある。

文章は、日本語としてさほどおかしくなければ、別に何だってかまわない、というのはここんところを言う。


とりあえず書く。

誰に書くか、その相手だけを想定する。

リアルに、表情まで想像して、想定する。

それだけでよろしい。

その人をどういう心持ちにしたいのかをきちんと考える。

考えて、それに見合ったネタを探し出す。

そして書く。

どうすれば読む相手が喜ぶのか、楽しんでくれるのかだけを想像しつつ、ひたすら最後まで書く。

これをひたすら続ける。

書き始めると、私は踊る。レベッカのNOKKOとともに踊る。踊りながら書く。踊りながら書いてると、あまり自己主張しようという気にならないところがいい。踊りつつ、忘我を求め、神の後ろ姿が見えるのを求め、まあ、そんなものが見えることはありませんな、ただ、頭の中がどんどん楽になってくのを待って、ひたすら書く。踊りながら書く。書く。

それを繰り返すばかりである。

内なる他者の形成のために

古武道では、カラダをひねらないそうだ。

つまり、正座をしていて、そのまますっと刀を抜いて、抜ききったときにトップスピードになるらしい。言葉で説明していてもわかりにくい。

人を殴るときに、ふつうは、反動を使うから、握った拳をいったん引く。引いてから、その反動を利用して殴る。でも、古武道の場合、引かない。膝の上に置いてある手をそのままふっと上に持ち上げて、そのまま殴る。しかも、相手に当たるときに、反動を使っているよりも大きな衝撃を与える。

これも言葉じゃわかんないですね。甲野《こうの》善紀《よしのり》先生を見てもらうしかない。

何を言いたいかというと、「すぐ、書く」ということだ。

西洋式、カラダをひねって、その梃子《てこ》の原理で動こうとするときには、ためが要る。

動き出す前に、引かないと力がたまらない、と信じている。準備体操せずに、激しくカラダを動かすと、カラダを傷める、とおもいこんでいる。これは、甲野先生によると、カラダの一部しか使わないために起こる妙なおもいこみ、らしい。

慣れれば、いつだってすっとトップスピードを出せるようになるし、いきなり激しく動いてもどこも傷めない。

なぜ、そんなことが可能なのか、という話はとりあえずは措《お》く。(興味がある人は甲野善紀先生の本なり映像なりを見てください)。

とりあえず、そういうものが実在する、ということを信じてもらいたい。甲野先生の教えはスポーツ界にきちんと浸透し、一部ではあるが、ちゃんと成果をもたらしている。それはごくふつうに在るのだと信じてもらいたい。

で。

文章もこれでいこう、ということです。

文章を書こうとして、ためを作らない。

文章を書こうとして、その準備のために勉強をしない、言葉を増やそうとしない、新しい表現を学ぼうとしない。つまり「ため」を作らない。

反動を利用しようとして、前に出るために半歩下がったりしない。

あなたの意識では、前に出るために下がったのだろうけれど、下がったものは下がったものだ。一瞬の隙をついて、空いた空間に何か別のものが入ってきてしまう。それで、動けなくなる。

だから、いきなり前へ出る。いきなり書く。

いきなりというより、すっと書く。書き出す。息を吐くようにすっと書き始めるのだ。

それを薦める内容を書いてきたつもりである。

いきなり書いたって、ちゃんと書けば、いろんなポイントにクリティカルヒットする。

そういうことはあり得る。


ただ、古武道にしてもそうだけれど、準備がいる。

それは準備体操ではなく、訓練でもなく、筋力を高めることでもない。

意識を変えるだけ。

いま、自分の持ってるものをどう使うか、をきちんと考えるだけ、です。

それは具体的にどういうことなのか、を中心に書いてきた。

ここで、まとめておく。

「文章を書くのは、どこまでもサービスである」

自分のために書くのではない。読む人のために書く。

「文章を書くときに大事なのは、書いている者の立場を忘れて、読んでいる者の立場からだけ考えて書く」

この二つは同じことを言ってます。

理想としては、書き手が消えること。完全に、読み手のためにサービスを提供する存在となり、書き手自身が意識されない文章が書けるのが、いちばんいい。むずかしいけどね。でも、それが理想だと意識しているだけでも違う。

「文章を書くときに、大事なのは〝誰に向かって書いているか〟を明確に意識すること」あとで、もう一度詳述するが、文章を書く準備として、一番大事なのは、これです。

これさえきちんとできれば、いきなりの意識改革が可能です。

二つ目の「読んでいる者の立場」をより明確にしようということで、やはり同じことを言ってるだけなんだけどね。

誰に向かって、何を書くか、を考えるときに大事なのは〝誰〟に向かって、のほうだ、ということでもある。〝誰〟さえ決まれば、〝何〟はあとからついてくる。

その副次的な「何について書くか」の発想の仕方はまずこれ。

「文章は、人を変えるために書かないと意味がない」

すべての文章は、人を変えられたときにだけ、文章として意味を持つ。

人を変える可能性があるかどうかは「逆説的なタイトルがつけられるか」どうかでわかる。発想は、つねに「内側」から。公的な発想から発言しない。発想は直観でしか得られない。直観を得るためには、いつも、いろんなものの存在に疑問を向けていること。

「文章は結論から書け。時間軸で書くな」

自分の半生記や、旅行記を、時間軸から自由に書けることを目指そう。

時間の流れを超越して、それでいて楽しいものが書ければ、「読む人の立場」に立つことができているとおもう。

「文章は自己を表現するものではない。自己が晒されるものでしかない」

これは、人は書く内容によって書き手を判断してくれていない、という話なんだけれど、ちょっとわかりにくい観念ですね。〝自分がこう理解してほしい、という方向で文章はなかなか読んでもらえない。観念ではなく、その肉体的感覚がわかる部分に人は大きく反応する〃ということでもあります。これは、理屈じゃなくて、直観でわかってもらえるとありがたいけど、いちおう、本文で繰り返し理屈は説明しました。

「文章は肉体の作業である。頭脳で制御しきれない」

あまり文章を書いたことがない人は、事前によく考えて、一発でうまい文章を書こうと夢想してしまう。それは頭脳作業だとおもってるから。それは無理だということ。だから、とにかく書き出すしかない、ということです。

「書く前に考えていたことしか書けない文章は失敗である」

ま、そういうことですね。

この新書を通して、いちばん言いたいことは「文章を書くときは、どんなにハードな状況でも、読み手の立場に立って書け」です。

そのために有効な方法が「誰に向かって書いているのか、明確に想定すること」になる。

だから、いま、すぐに書く、ためにもっとも有効なのが「リアルな読み手を設定すること」になる。これは本当に近くにいてくれるといいんだけれど、なかなか、そうもいかないだろう。

となると、自分の頭の中に〝親しく、厳しい読者〟を設定するしかない。

つまり、それがちゃんと設定できれば、文章がうまく書ける、ということになる。

親しく厳しい読者は、つまり〝他人の目〟を持って、自分の書いたものを見てくれる存在である。言うなれば、自身の内側に〝他者の目〟が設定できるかどうか、それにかかってるってことです。

内なる他者の設定。

それさえできれば、ものを書くのに不自由しなくなる。プロになるための第一歩が、内なる他者の設定であり、何にもまして、それが一番、重要ですね。

ただ、いきなりそんな存在を空想して設定できるわけがない。

いままでそんなもの設定してなかったのに、いま、これを読んで、よし、設定するぞ、がしゃん、とすぐに設定できたらいいのだけれど、それは不可能。無理です。設定できたぞ、と勘違いするのが関の山。そんな設定では、かんじんのときに機能してくれません。一番、その他者が必要なときに、何も動いてくれないとおもう。そんな簡単にできるもんじゃない、とおもってください。

でも、作ったほうがいい。作るよう、努力するのがいい。

だから、やはり、最初は、身近な誰かに読んでもらうしかない。リアルにそこに、三次元的に存在している日本語のわかる人、です。基本、あなたに〝軽い好意〟をもってくれてるほうがいいが、まあ、持ってなくてもしかたないですね。実際に読んでもらって、その反応をすごく気にするしかない。私は実際に自分の原稿を目の前で読んでもらうときは、だいたい年下の人が多いので（担当編集者も、ほぼ年下です）、まあ、最初から厳しいことを言う人はいませんから、読んでる最中の動物的な反応をじっと見てますね。ほんとに楽しそうか、ほんとうにおもしろそうか、退屈してないか、じっと見ている。できればカラダ中に電極でも貼り付けてその反応によって判断したいところだけれど、それはやったことないです。そんな電極、売ってないし。

ちゃんと人に読んでもらえる文章を書くためには、いくつかのハードルがある。

でも、それは書いてから、越えていけばいい。書きながらだといつでも修正できる。

だから、必要なのは、書いたものを読んで、きちんと反応してくれる、近くの誰か、だ。つまり、いま、すぐ、書くには、「いますぐおれはこういう内容のものを書くから、書いてる途中から、読んで、簡単な感想を言ってくれ」と宣言できる身近な誰かを確保すること、である。確保できたら、すぐに書く。「対象者、カクホです!」。いや、ちょっと書いてみたかっただけ。

確保できたところで、いつもいつも繰り返し読んでもらえないかもしれない。そのときは、その確保した相手の反応を記憶して、そこから「内なる他者」を形成していくしかないのである。

ただ、確保する相手を間違えないでね。ま、間違えたとおもったら、また別の人を確保すればいいいんだけれど。

ということは、こういうことになるな。

よりよい文章を書きたいのなら、とにかく友達をたくさん作れ。

うーん、意外なところに着地してしまった。

予想もしてなかった着地点だ。ここは泳ぐのに安全でも適切でもありません。なんかそんな感じだ。

でもそれは本当だな。

親友でなくていい。友達でいい。仕事じゃないところで、なんか一緒に楽しめる人。

それをたくさん持ってることが、やはり人生では大事だってことだ。

ここだけ読んだら何の本かわからねえな。

友達を大切に。どんどん友達を増やしていこう。

よし。がんばる。

ぢゃ。

あとがき

ちくまからの初めての新書です。

これまで新書は講談社からしか出したことがない。そんなに頻繁にひとつところからばかり出せないので、去年の夏、スタッフと一緒に近くの書店に行った。

「どの新書がいいか」見に行ったのである。

デザインが野暮ったくなくて、押しつけがましくなくて、社名もデザインも気負いすぎていないところ、というポイントで見ていたら、あっというまに三つほどに絞れてしまった。それを並べると（勝手に三省堂書店で新書を並べていたのだ）「ここが、いいです」とスタッフが指したのがちくま新書だった。筑摩書房とは、ずいぶん仕事をしていないな、とおもったが、そうだ、友人の橋蓮二（写真家）が筑摩書房から写真集をいくつか出していたなとおもいだして、橋蓮二と連絡を取って、筑摩書房の編集者を紹介してもらった。

自分で企画を持ち込みながら、なかなか順調に書けないというのが、いつもの悩みなのだけれど、何とか一年かけて新書になった。

ライター講座のレジュメはある。でも、自分が喋ったものが文字になっているものを読むと、いつもくらくらする。何を言ってるのかよくわからないからだ。

文章は、また、いちから、書いていくしかない。書き下ろしである。

「文章をうまく書けなくて悩んでる人」のためになり、なおかつ、「ふつうに読み物としておもしろい」ものを目指した。目指すのは自由です。うまくいってるといいんだけれど。

スタッフは、筑摩書房の担当編集者が豊島洋一郎。聞いたら大学での同級生だった。入学年と学部が同じで学科が違う。おそらく冷房のない大教室で、1979年夏、宗教学IIとか文化人類学とか、西洋哲学史あたりを一緒に取ってたんだとおもうが、記憶にない。彼が、急かせる係だ。何とか講談社現代新書と新潮新書のあいだに出しましょうと急かしてくれて、たしかにその順に2011年の新書が出ることになった。もう一人のスタッフは咲本英恵で、彼女はいつも、入稿した原稿を静かに読んでくれて、こことこことこことこことここがわかりにくい、と指摘してくれる。ここはこういう意味なんだけどね、と一人弁解しつつ、(誰も聞いてくれていない)、指摘されたところはきちんと直していって、それで一冊の新書が出来上がる。

毎回のことながら、まったくシステマチックには出来上がらない。だからまあ、おもしろくもあるんだけれどね。ではまた。

ちくま新書
920

いますぐ書《か》け、の文章法《ぶんしょうほう》

二〇一一年九月一〇日　第一刷発行
二〇二〇年二月二〇日　第五刷発行

著者　堀井憲一郎（ほりい・けんいちろう）
発行者　喜入冬子
発行所　株式会社 筑摩書房
東京都台東区蔵前二-五-三　郵便番号一一一-八七五五
電話番号〇三-五六八七-二六〇一（代表）
装幀者　間村俊一
印刷・製本　三松堂印刷 株式会社

ISBN978-4-480-06629-9 C0290

ちくま新書

377 人はなぜ「美しい」がわかるのか　橋本治

「美しい」とはどういう心の働きなのか？「合理性」や「カッコよさ」とはどう違うのか？　日本の古典や美術に造詣の深い、活字の鉄人による「美」をめぐる人生論。

415 お姫様とジェンダー
——アニメで学ぶ男と女のジェンダー学入門　若桑みどり

白雪姫、シンデレラ、眠り姫などの昔話にはどのような意味が隠されているか。世界中で人気のディズニーのアニメを使って考えるジェンダー学入門の実験的講義。

638 美しい日本の身体　矢田部英正

伝統文化の底に息づく古来の身体技法をたずねて、都市にあっても自然に適い、おのずから発する「たたずまい」の美学を究める。身体の叡智を照射した意欲的論考。

824 キャラクターとは何か　小田切博

キャラクターは単なる文化的事象ではない。ビジネスの法則によって生まれ、浸透していく経済現象でもある。歴史的視点、国際的な比較を通して、その本質を探る。

870 快楽の効用
——嗜好品をめぐるあれこれ　雑賀恵子

煙草、お菓子、カフェイン。嗜好品は生命にとって余剰にすぎない。だが、なぜ人を捕えて放さないのか？　快楽を求める欲望の形を探り、人間の実存について考える。

702 ヤクザと日本
——近代の無頼　宮崎学

下層社会の人々が生きんがために集まり生じた近代ヤクザ。格差と貧困が社会に亀裂を走らせているいま、ヤクザの歴史が教えるものとは？

421 行儀よくしろ。　清水義範

教育論は学力論だけではない。今本当に必要な教育は、道をきかれてどう答えるか、困っている人をどう助けるか等の文化の継承である。美しい日本人になることだ。